第**3**版

職業安全衛生

OCCUPATIONAL
SAFETY AND HEALTH

陳泓文｜編著

Third Edition

在經濟全球化下，企業為追求國際競爭力，勞工普遍處於長工時及高工作負荷之勞動環境，另新材料、新物質及新科技之發展，勞工亦可能暴露於新風險，職業安全衛生因之面臨新挑戰。職業安全與健康的問題逐漸受到勞工、事業單位及社會各界的重視，甚至尚未進入職場的在校學生，也常會詢及有關職業安全衛生之相關資訊，因此各級學校也紛紛開設職業安全衛生相關課程。

有鑑於此，吾爰不揣疏陋，就過去對職業安全衛生教育訓練與職業災害防止之研究，及參與公共工程防災查核之實務經驗，修編《職業安全衛生》一書，以供技術型高級中學及大專院校有關職業安全衛生、職場安全衛生、施工安全衛生等課程教材使用。三版依據新頒布法規進行修正，提供最新資訊。

本書的完成雖經吾悉力以赴，祈對職業安全衛生教育有所助益，惟仍難免疏漏之處，尚盼學者先進不吝賜教，俾能更臻完善。著作的出版需經長期的資料蒐集與撰寫，感謝家父陳英杰、愛妻春蘭在學術研究上之鼓勵與協助，與兩位可愛子女奕安、奕如在精神上之支持，並感謝新文京開發出版股份有限公司鼎力支持，及編輯部在出版作業上的協助，本書始得順利付梓發行。

陳泓文 謹識

編者簡介
AUTHOR

陳泓文

宏國德霖科技大學土木工程系副教授

學 歷

國立中央大學土木工程博士

社 服

1. 交通部、國防部、教育部工程施工查核委員
2. 交通部「職業安全衛生優良公共工程選拔推薦工程」評選委員
3. 新北市「中小企業服務團文創服務領域」顧問
4. 勞動部「私立就業服務機構從事跨國人力仲介」評鑑委員

著 作

1. 《營建法規（第三版）》，陳泓文編著，新文京開發出版股份有限公司，2017 年 2 月。
2. 《施工安全評估》，陳泓文編著，新文京開發出版股份有限公司，2004 年 2 月。
3. 《勞動權益 Q&A》，陳泓文編著，百善書房，2006 年 1 月。
4. 《建築物室內裝修法規（第五版）》，陳泓文編著，詹氏書局，2020 年 7 月。
5. 《模板工程》，陳泓文編著，詹氏書局，2011 年 6 月。
6. 《營造工程管理技能檢定題庫解析（第三版）》，陳泓文、張裕民、郭詩毅、洪盟峯編著，詹氏書局，2013 年 6 月。

- 依照最新頒布之職業安全衛生相關法規及作業實務綜合整理,使讀者及實務工作者獲致最有效之學習效果。
- 闡述安全衛生理念,並對職業安全衛生法系、職業災害勞工保護法系、勞動檢查法系等,進行系統式說明,使讀者對職業安全衛生有完整性之認識。
- 詳細介紹與說明作業環境管理、特殊作業勞工保護、職業災害勞工保護等相關管理措施。
- 為減少職業災害所必須實施之勞工健康管理及職業安全衛生教育訓練,均有詳細之介紹與說明。
- 各章均附有習題可幫助讀者達到最佳學習效果。

目 錄
CONTENTS

CONTENTS

01
CHAPTER

安全衛生
法規體系

OCCUPATIONAL
SAFETY AND HEALTH

安全衛生法規涉及層面極廣，關係勞工安全與健康的保障及產業、經濟的發展至鉅，對產業升級、生產力的提高、企業正常的營運及利潤的提升有相當影響。企業的永續發展需要安全的作業環境，營造勞工一個安全、健康的工作場所，提供企業永續經營的營運環境，為推動安全衛生政策之主要目標。

1.1 安全衛生概論

現行之職業安全衛生法及其附屬法規，對於企業者及其承攬者，從事製造或施工所必要之安全衛生管理及措施，均有相當詳盡之規定。為了減少職業災害，政府及業者多年來依職業安全衛生法之規範，努力推動職業安全衛生，惟依各業重大職業災害發生件數比例顯示，職業災害並未有顯著下降趨勢，究其原因，除政府勞動檢查人力不足，無法藉由公權力發揮他律機制外，事業單位缺乏安全衛生自主管理能力，無法發揮自律機制，為職業災害偏高之主因。為減少職業災害之發生，必須建立職業安全衛生管理系統，將安全衛生管理與企業績效管理結合，並藉安全衛生政策、組織架構、制度規章、計畫實施、績效管理、系統評估等管理措施，達成事業單位安全衛生自主管理之目標。

1.1.1 安全衛生管理系統

隨著經濟的快速發展，職業安全衛生(Occupational Safety & Health, OSH)問題已受到人們的普遍關切，世界上相關的組織並期望以系統化的方法來推行安全衛生管理活動，以符合法律和自身政策的要求，以

促進企業發展。由於國際標準管理系統日漸受到重視，而國內企業因應時代潮流及提升國際競爭力，逐漸採用有效且合乎趨勢的經營管理方式。因此許多事業單位亦已開始建制相關之職業安全衛生管理系統，隨著跨國企業或全球化經營之趨勢，系統化安全衛生工作之落實與推動已是不可避免之事實，企業未來也勢必將其安全衛生管理視為企業經營管理之一環，讓就業場所之勞工、承攬商、工作者，都能感受到其對安全衛生工作的重視。事業單位必須體認安全衛生不再只是工廠內的問題，企業必須藉由持續、自主的安全衛生改善管理活動，來建立其在永續利用資源、品質精良、尊重生命安全及善盡社會責任之承諾，所以事業單位建制職業安全衛生管理系統已是時勢所趨。

為提升整體產業安全水準，勞動部頒布了「臺灣職業安全衛生管理系統」指引(Taiwan Occupational Safety and Health Management Systems, TOSHMS)，將傳統重點式勞安管理制度邁向系統化與國際化發展，大幅提升國家競爭力，並要求具顯著風險之第一類事業，勞工人數在 300 人以上者，應參照其職業安全衛生管理系統指引，建立適合該事業單位之職業安全衛生管理系統，且管理系統應包括政策、組織、規劃與實施、評估、改善措施等項，又安全衛生管理之執行應留存紀錄備查並保存紀錄 3 年。

遵守國家法令規章所提出的各項職業安全衛生要求，以保障員工的安全與健康是雇主的責任和義務。雇主應在職業安全衛生管理工作系統中，發揮其堅強的領導作用，並對職業安全衛生活動作出相應的承諾和適切的安排。依勞工安全衛生組織管理及自動檢查辦法之規定，雇主應依其事業規模、特性，訂定勞工安全衛生管理計畫，執行工作環境或作業危害之辨識、評估及控制、採購管理、承攬管理、變更管理與緊急應變措施等勞工安全衛生事項。

　　為協助事業單位建立及推動職業安全衛生管理系統，勞動部除已發布我國職業安全衛生管理系統(TOSHMS)指引外，特研訂危害辨識及風險評估、採購管理、承攬管理、變更管理及緊急應變措施等五項相關技術指引，提出建立及執行各項安全衛生管理制度應有之基本原則、作業流程及建議性作法等，作為事業單位規劃及執行之參考。職業安全衛生管理系統包括政策、組織、規劃與實施、評估、改善措施等五個主要項目，如下圖所示：

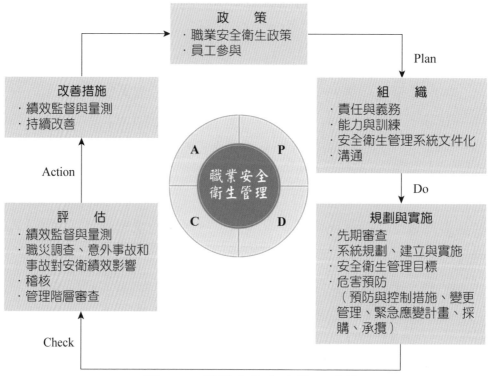

▲ 圖 1.1　職業安全衛生管理系統

1. 政策：職業安全衛生管理系統之架構運作，係依循 P-D-C-A 管理的模式。首先企業最高階管理者要重視安全衛生，訂定職業安全衛生政策，承諾保障人員安全健康，職業安全衛生活動以「職業安全衛生政策」為最高階導原則。

2. 組織：為利工作推行企業在「組織」功效方面，應健全安全衛生管理組織，對相關人員施以必備的知識、技能教育，使其能具備規劃、執行的人力。

3. 規劃與實施：「規劃與實施」工作包括先期審查、安全衛生管理目標、系統規劃、危害預防、變更管理、緊急應變計畫、採購及承攬等均應妥善規劃與實施，例如法規查核、工作場所危害辨識之結果，可規劃相關的危害預防措施及控制措施。

4. 評估：在「評估」階段，當職業災害防止計畫或安全衛生管理計畫，各項計畫實施運作一段時間後或於期末，要監督量測各項工作績效，評估各項計畫之實施成效。

5. 改善措施：最後「改善措施」階段，經程序檢討有無必要變更各項活動計畫及施行作法等，並提出改善措施。

　　至於「持續改善」(Continual Improvement)是職業安全衛生管理系統運作特色之一，也是 P-D-C-A 管理循環模式的重點。職業災害防止各項活動經權責單位核定公告實施，融入管理系統運作一段時間後，如發現法令規章有最新修訂、工作場所發現新的危害或有其他原因須修正時，職業災害防止各項活動計畫內容自然應依實際需要修正，如下圖所示：

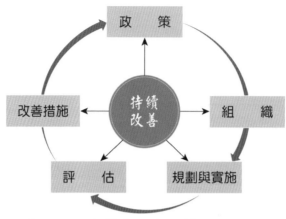

▲圖 1.2　職業安全衛生持續改善系統

1.1.2　安全衛生政策

一、安全衛生理念

　　事業單位能否建立安全衛生自主管理機制，與經營者之理念有絕對關係，作為一個事業單位經營者應有之安全衛生理念包括：

1. 尊重生命：經營計畫之訂定與進行，都需注入尊重生命的理念，無論何時企業主在各種利益下，仍應堅持人命最優先之原則。

2. 確信事故是可以防止：職業災害有別於天災，是絕對可以預防的。

3. 堅定安全政策與決心：認知經營順利、人員安全才是企業永續經營之基石，若安全政策可以打折扣，企業經營無異於與運氣賭博。

二、政策的制訂

　　安全衛生政策的制訂，應由事業單位管理組織中最高管理階層制訂，安全衛生政策應包括：

1. 經營理念應融入安全，企業者之經營理念除了品質、效率、成本、信譽之外，應加入安全，並以安全為首，藉經營理念之宣示，達成企業經營、人命優先之共識。

2. 追求高水準的安全衛生績效，遵守法規僅為最低標準，應以損失控制概念，持續檢討改善安全衛生實施績效。

3. 提供適當資源以執行安全衛生政策。

4. 訂定並發布安全衛生目標及各項管理規章。

5. 從最高管理階層到第一線監督管理階層，均將安全衛生管理視為首要責任。

6. 應有全部員工的參與及諮商，並確保各階層均能瞭解與執行。

7. 實施稽核確保政策之執行，並定期檢討評估政策及管理制度之可行性。

8. 確使各階層所有員工均能接受必要之教育訓練，並能肩負所賦予之任務。

▲ 圖 1.3　最高管理階層制定安全衛生政策會議

1.1.3　驗證規範

　　臺灣職業安全衛生管理系統(TOSHMS)驗證規範涵蓋職業安全衛生管理，係用以提供各組織一個有效能之職業安全衛生管理要項，這些要項能夠與其他管理要求事項互相整合，並協助各組織達成職業安全衛生與經濟之各項目標。這些標準與其他標準一樣，本意都不是被用來製造作業時之障礙，或增加或改變組織之法規義務，其中之要求事項，使組織在發展並實施政策與目標時，能考量法規要求事項與職業安全衛生風險相關資訊。

　　臺灣職業安全衛生管理系統(TOSHMS)驗證規範適用於所有類型和規模之組織，且能適應各種不同之地理、文化及社會條件，其系統之成功取決於組織各階層與各部門，尤其是最高階管理階層所做之承諾。它能協助組織發展職業安全衛生政策，建立目標及達成承諾之各項程序，採取必要行動以改善其績效與展現系統，並符合各項規範。臺灣職業安全衛生管理系統驗證規範之整體目的是在兼顧社會與經濟需求之情況下，支持與提升良好之職業安全衛生實務，同時得隨時調整。

1.1.4　指導綱領

　　臺灣職業安全衛生管理系統指導綱領提供組織應用 TOSHMS 驗證規範時的一般性建議，闡釋 TOSHMS 驗證規範的基本原則，並對 TOSHMS 驗證規範每一要求之主旨、作業流程及方法加以敘述，有助於組織瞭解及推行 TOSHMS 驗證規範，但沒有對 TOSHMS 驗證規範另訂額外的要求，也沒有規定推行 TOSHMS 驗證規範的強制性方法。臺灣職業安全衛生管理系統規範規定職業安全衛生管理系統之要求事項，使組織能控制其職業安全衛生風險及改善職業安全衛生績效，未

陳述特定的職業安全衛生績效準則，亦未提供管理系統設計之詳細規範。臺灣職業安全衛生管理系統規範適用於任何期望做到下列各事項之組織：

1. 建立職業安全衛生管理系統，以消除或降低員工及其他利害相關者可能曝露於組織活動相關之職業安全衛生風險。

2. 實施、維持及持續改善職業安全衛生管理系統。

3. 確保其宣告的職業安全衛生政策之符合性。

4. 展現其對臺灣職業安全衛生管理系統規範之符合性，藉由：
   (1) 做出自行決定與自我宣告。
   (2) 尋求關心組織者（如顧客）對符合性之確認。
   (3) 尋求組織外部團體組織的自我宣告之確認。
   (4) 尋求由外部組織對其職業安全衛生管理系統之驗證與登錄。

> **🦉 編者的話**
>
> 　　勞動部參照臺灣職業安全衛生管理系統(TOSHMS)驗證規範，研提「職業安全衛生管理系統－要求」及「職業安全衛生管理系統－指導綱要」二項國家標準建議案，已由經濟部於 100 年 11 月 29 日公告為國家標準，分別為 CNS15506 與 CNS15507。

1.2　職業安全衛生法系

　　為防止職業災害，保障勞工安全與健康，政府制定了「勞工安全衛生法」。為強化工作者職業災害預防及安全健康保護，擴大適用範圍，於民國 102 年 7 月 3 日將勞工安全衛生法名稱修正為《職業安全衛生法》，職業安全衛生之主管機關，在中央為行政院勞動部；在直轄市為直轄市政府；在縣（市）為縣（市）政府。依《職業安全衛生法》規定，雇主是盡義務之主體，其有照顧勞工生命安全與身體健康的義務，勞工則是受到職業安全衛生法保護之對象，勞工有權要求雇主依職業安全衛生法規定，達到法令規定的安全衛生標準。勞工如發現事業單位違反職業安全衛生法或有關安全衛生之規定時，得向雇主、主管機關或檢查機構申訴，雇主不得對該申訴之勞工予以解僱、調職或其他不利之處分。倘若中央主管機關及勞動檢查機構對於各事業單位勞動場所得實施檢查，其有不合規定者，應告知違反法令條款，並通知限期改善；屆期未改善或已發生職業災害，或有發生職業災害之虞時，得通知其部分或全部停工，勞工於停工期間應由雇主照給工資。

1.2.1　職業安全衛生法概述

一、擴大保障工作者

　　為確保人人享有安全衛生工作環境之權利，明定職業安全衛生法適用於各業受僱勞工、自營作業者及其他受工作場所負責人指揮或監督從事勞動之人員。

二、建構源頭管理制度

1. 為於源頭減少機械、設備或器具引起之危害，規定中央主管機關指定之機械、設備或器具非符合安全標準或未經驗證合格者，不得產製運出廠場或輸入；製造者或輸入者對於未經公告列入型式驗證之機械、設備或器具，符合安全標準者，應以登錄及張貼安全標示方式宣告。

2. 建立新化學物質、管制性化學品及優先管理化學品之評估、許可、備查等管理機制；增訂危害性化學品製造者、輸入者、供應者及雇主，提供或揭示安全資料表、製備清單及採取通識措施之義務，並依其危害性、散布情形及使用量等，評估風險等級並採取分級管理措施。

三、健全職業病預防體系

1. 為防止勞工過勞、精神壓力及肌肉骨骼相關疾病之危害，強化勞工生理及心理健康之保護，明定雇主就長時間工作等異常工作負荷促發工作相關疾病、執行職務因他人行為遭受身體或精神不法侵害、重複性作業等促發肌肉骨骼疾病等事項之預防，應妥為規劃並採取必要之安全衛生措施。

2. 對有害健康之作業場所，雇主應實施作業環境監測；監測計畫及結果應公開揭示，並通報中央主管機關。

3. 強化勞工健康管理，明定雇主應依健康檢查結果採取健康管理分級措施。

4. 明定勞工人數 50 人以上經中央主管機關公告適用之事業單位，應僱用或特約醫護人員辦理健康管理、職業病預防及健康促進等勞工健康保護事項。

四、兼顧母性健康保護

　　刪除一般女性勞工禁止從事危險性或有害性工作之規定；修正妊娠中或分娩後未滿一年之女性勞工，禁止從事危險性或有害性工作之種類及範圍；增訂中央主管機關指定之事業，雇主應對有母性健康危害之虞之工作，採取危害評估、控制及分級管理措施；對於妊娠中或分娩後未滿一年之女性勞工，應採取工作調整或更換等健康保護措施。

五、強化安全評估監督機制

1. 對從事石油裂解之石化工業等，增訂應定期實施製程安全評估並報請勞動檢查機構備查，以強化監督。

2. 考量實務情形修正罰則規定，並增訂公布事業單位、負責人之名稱、或姓名等罰則。

六、促進職安文化產業發展

1. 為鼓勵地方主管機關及目的事業主管機關積極規劃推動職業安全衛生業務，增訂中央主管機關得實施績效評核並獎勵之規定。

2. 增訂事業單位對於不合規定之改善，得洽請中央主管機關認可之顧問服務機構提供專業技術輔導，以確保服務品質。

七、增列危險作業退避等規定

1. 增列勞工執行職務發現有立即危險之虞時，得在不危及其他工作者安全的情形下，自行退避至安全場所，並即向直屬主管報告，而雇主不得任意對其採取不利待遇。

2. 事業單位交付承攬時，如涉及違反安全衛生規定，致承攬人勞工發生職業災害時，應與承攬人負連帶賠償責任。

3. 事業單位工作場所發生職業災害時，雇主應會同勞工代表實施職業災害調查。

1.2.2 法系內容

一、一般勞工安全衛生法規

1. 職業安全衛生法。

2. 職業安全衛生法施行細則。

3. 職業安全衛生設施規則。

4. 職業安全衛生管理辦法。

5. 職業安全衛生教育訓練規則。

6. 勞工作業環境監測實施辦法。

7. 勞工健康保護規則。

8. 缺氧症預防規則。

9. 高壓氣體勞工安全規則。

10. 促進職業安全衛生文化獎勵及補助辦法。

11. 女性勞工因性健康保護實施辦法。

12. 妊娠與分娩後女性及未滿十八歲勞工禁止從事危險性或有害性工作認定標準。

13. 職業安全衛生標示設置準則。

14. 辦理勞工體格與健康檢查醫療機構認可及管理辦法。

二、化學物質安全衛生法規

1. 危險性化學品標示及通識規則。

2. 特定化學物質危害預防標準。

3. 四烷基鉛中毒預防規則。

4. 勞工作業場所容許暴露標準。

5. 有機溶劑中毒預防規則。

6. 鉛中毒預防規則。

7. 粉塵危害預防標準。

三、危險性機械安全衛生法規

1. 鍋爐及壓力容器安全規則。

2. 起重升降機具安全規則。

3. 危險性機械及設備安全檢查規則。

4. 既有危險性機械及設備安全檢查規則。

5. 機械設備器具安全標準。

6. 工業用機器人危害預防標準。

7. 機械設備器具監督管理辦法。

四、特殊作業安全衛生法規

1. 重體力勞動作業勞工保護措施標準。

2. 高溫作業勞工作息時間標準。

3. 精密作業勞工視機能保護設施標準。

4. 高架作業勞工保護措施標準。

5. 異常氣壓危害預防標準。

五、特別行業安全衛生法規

1. 礦場職業衛生設施標準。

2. 林場安全衛生設施規則。

3. 船舶清艙解體勞工安全規則。

4. 碼頭裝卸安全衛生設施標準。

5. 營造安全衛生設施標準。

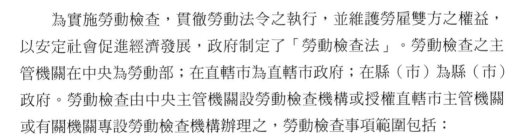

1.3 勞動檢查法系

為實施勞動檢查，貫徹勞動法令之執行，並維護勞雇雙方之權益，以安定社會促進經濟發展，政府制定了「勞動檢查法」。勞動檢查之主管機關在中央為勞動部；在直轄市為直轄市政府；在縣（市）為縣（市）政府。勞動檢查由中央主管機關設勞動檢查機構或授權直轄市主管機關或有關機關專設勞動檢查機構辦理之，勞動檢查事項範圍包括：

1. 依勞動檢查法規定應執行檢查之事項。

2. 勞動基準法令規定之事項。

3. 職業安全衛生法令規定之事項。

4. 其他依勞動法令應辦理之事項。

編者的話

目前設立之勞動檢查機構有：

1. 勞動部職業安全衛生署北區職業安全衛生中心。
2. 勞動部職業安全衛生署中區職業安全衛生中心。
3. 勞動部職業安全衛生署南區職業安全衛生中心。
4. 臺北市政府勞動檢查處。
5. 新北市政府勞動檢查處。
6. 桃園市政府勞動檢查處。
7. 臺中市政府勞動檢查處。
8. 臺南市政府職安健康處。
9. 高雄市政府勞動檢查處。
10. 科技部新竹、中部、南部科學工業園區管理局勞資組勞動檢查中心。
11. 經濟部加工出口區管理處第四組勞動檢查科。

　　為有效推動勞動檢查政策，中央主管機關應參酌我國勞動現況、安全衛生條件、職業傷害嚴重率及職業傷害頻率之情況，於年度開始前 6 個月公告並宣導勞動檢查方針，勞動檢查機構應於檢查方針公告後 3 個月內，擬定勞動監督檢查計畫，報請中央主管機關核備後實施之。勞動檢查方針包括：

1. 優先受檢查事業單位之選擇原則。

2. 監督檢查重點。

3. 檢查及處理原則。

4. 其他必要事項。

為確保勞工作業場所之安全，有危險性之工作場所，非經勞動檢查機構審查或檢查合格，事業單位不得使勞工在該場所作業，危險性工作場所包括：

1. 從事石油裂解之石化工業之工作場所。

2. 農藥製造工作場所。

3. 爆竹煙火工廠及火藥製造工作場所。

4. 設置高壓氣體類壓力容器或蒸汽鍋爐，其壓力或容量達中央主管機關規定者之工作場所。

5. 製造、處置、使用危險物、有害物之數量達中央主管機關規定數量之工作場所。

6. 中央主管機關會商目的事業主管機關指定之營造工程之工作場所。

7. 其他中央主管機關指定之工作場所。

為降低職業災害之發生，勞動檢查機構指派勞動檢查員對各事業單位工作場所實施安全衛生檢查時，發現勞工有立即發生危險之虞，得就該場所以書面通知事業單位逕予先行停工，以避免職業災害之發生。由《勞動檢查法》所衍生的相關法規有：

1. 勞動檢查法施行細則。

2. 危險性工作場所審查及檢查辦法。

3. 勞動檢查法第 28 條所定勞工有立即發生危險之虞認定標準。

4. 勞動檢查員執行職務迴避辦法。

5. 危險性機械或設備代行檢查機構管理規則。

1.3.1　勞動檢查法施行細則

《勞動檢查法施行細則》係依《勞動檢查法》第 39 條之規定訂定之。細則中明定勞動檢查員進入事業單位進行檢查時，應主動出示勞動檢查證，將檢查目的告知雇主及工會，並請其派員陪同，事業單位對未持勞動檢查證者，得拒絕檢查。

另外勞動檢查機構對事業單位工作場所發生重大職業災害時，應立即指派勞動檢查員前往實施檢查，調查職業災害原因及責任；其發現非停工不足以避免職業災害擴大者，應就發生災害場所以書面通知事業單位部分或全部停工，重大職業災害包括：

1. 發生死亡災害者。

2. 發生災害之罹災人數在 3 人以上者。

3. 氨、氯、氟化氫、光氣、硫化氫、二氧化硫等化學物質之洩漏，發生 1 人以上罹災勞工需住院治療者。

4. 其他經中央主管機關指定公告之災害。

1.3.2　危險性工作場所審查暨檢查辦法

　　〈危險性工作場所審查暨檢查辦法〉係依《勞動檢查法》第 26 條之規定訂定之。勞工在危險性工作場所開始作業前，事業單位應向檢查機構申請審查及檢查，甲類及丁類危險性工作場所為 30 日前；乙類及丙類危險性工作場所為 45 日前，非經審查或檢查合格，事業單位不得使勞工在該場所作業。為明確危險性工作場所之適用範圍，〈危險性工作場所審查暨檢查辦法〉將危險性工作場所劃分為四大類。

一、甲類工作場所

　　甲類危險性工作場所係指下列工作場所：

1. 從事石油產品之裂解反應，以製造石化基本原料之工作場所。

2. 製造、處置、使用危險物、有害物之數量達勞動檢查法施行細則附表一及附表二規定數量之工作場所。

二、乙類工作場所

　　乙類危險性工作場所係指下列工作場所或工廠：

1. 使用異氰酸甲酯、氯化氫、氨、甲醛、過氧化氫或吡啶，從事農藥原體合成之工作場所。

2. 利用氯酸鹽類、過氯酸鹽類、硝酸鹽類、硫、硫化物、磷化物、木炭粉、金屬粉末及其他原料製造爆竹煙火類物品之爆竹煙火工廠。

3. 從事以化學物質製造爆炸性物品之火藥類製造工作場所。

三、丙類工作場所

丙類危險性工作場所係指蒸汽鍋爐之傳熱面積在 500 平方公尺以上，或高壓氣體類壓力容器一日之冷凍能力在 150 公噸以上或處理能力符合下列規定之一者：

1. 1,000 立方公尺以上之氧氣、有毒性及可燃性高壓氣體。

2. 5,000 立方公尺以上之其他高壓氣體。

四、丁類工作場所

丁類危險性工作場所係指下列之營造工程：

1. 建築物高度在 80 公尺以上之建築工程。

2. 單跨橋梁之橋墩跨距在 75 公尺以上或多跨橋梁之橋墩跨距在 50 公尺以上之橋梁工程。

3. 採用壓氣施工作業之工程。

4. 長度 1,000 公尺以上或需開挖 15 公尺以上豎坑之隧道工程。

5. 開挖深度達 18 公尺以上，且開挖面積達 500 平方公尺以上之工程。

6. 工程中模板支撐高度 7 公尺以上，且面積達 330 平方公尺以上者。

1.3.3　勞動檢查法第28條所定勞工有立即發生危險之虞認定標準

《勞動檢查法》第 28 條所定〈勞工有立即發生危險之虞認定標準〉係依《勞動檢查法》第 28 條第 2 項之規定訂定之。勞動檢查機構指派勞動檢查員對各事業單位工作場所實施安全衛生檢查時，發現勞工有立即發生危險之虞，得就該場所以書面通知事業單位逕予先行停工。有立即發生危險之虞之類型如下：

1. 墜落。

2. 感電。

3. 倒塌、崩塌。

4. 火災、爆炸。

5. 中毒、缺氧。

一、墜落

1. 於高差 2 公尺以上之工作場所邊緣及開口部分，未設置符合規定之護欄、護蓋、安全網或配掛安全帶之防墜設施。

2. 於高差 2 公尺以上之處所進行作業時，未使用高空工作車，或未以架設施工架等方法設置工作台；設置工作台有困難時，未採取張掛安全網或配掛安全帶之設施。

3. 於石綿板、鐵皮板、瓦、木板、茅草、塑膠等易踏穿材料構築之屋頂從事作業時，未於屋架上設置防止踏穿及寬度 30 公分以上之踏板、裝設安全網或配掛安全帶。

4. 於高差超過 1.5 公尺以上之場所作業，未設置符合規定之安全上下設備。

5. 於高差超過 2 層樓或 7.5 公尺以上之鋼構建築，未張設安全網，且其下方未具有足夠淨空及工作面與安全網間具有障礙物。

6. 使用移動式起重機吊掛平台從事貨物、機械等之吊升，鋼索於負荷狀態且非不得已情形下，使人員進入高度 2 公尺以上平台運搬貨物或駕駛車輛機械，平台未採取設置圍欄、人員未使用安全母索、安全帶等足以防止墜落之設施。

▲圖 1.4　國道 6 號東草屯交流道及國姓段工程墜落災害

二、感電

1. 對電氣機具之帶電部分，於作業進行中或通行時，有因接觸（含經由導電體而接觸者）或接近致發生感電之虞者，未設防止感電之護圍或絕緣被覆。

2. 使用對地電壓在 150 伏特以上移動式或攜帶式電動機具，或於含水或被其他導電度高之液體濕潤之潮濕場所、金屬板上或鋼架上等導電性良好場所使用移動式或攜帶式電動機具，未於各該電動機具之連接電路上設置適合其規格，具有高敏感度、高速型，能確實動作之防止感電用漏電斷路器。

3. 於良導體機器設備內之狹小空間，或於鋼架等有觸及高導電性接地物之虞之場所，作業時所使用之交流電焊機（不含自動式焊接者），未裝設自動電擊防止裝置。

4. 於架空電線或電氣機具電路之接近場所從事工作物之裝設、解體、檢查、修理、油漆等作業及其附屬性作業或使用車輛系營建機械、移動式起重機、高空工作車及其他有關作業時，該作業使用之機械、

車輛或勞工於作業中或通行之際，有因接觸或接近該電路引起感電之虞者，未使勞工與帶電體保持規定之接近界線距離，未設置護圍或於該電路四周裝置絕緣用防護裝備或採取移開該電路之措施。

5. 從事電路之檢查、修理等活線作業時，未使該作業勞工戴用絕緣用防護具，或未使用活線作業用器具或其他類似之器具，對高壓電路未使用絕緣工作台及其他裝備，或使勞工之身體、其使用中之工具、材料等導電體接觸或接近有使勞工感電之虞之電路或帶電體。

▲ 圖 1.5　南港車站地下化機電工程裝設電線時發生感電職災

三、倒塌、崩塌

1. 施工架之垂直方向 5.5 公尺、水平方向 7.5 公尺內，未與穩定構造物妥實連接。

2. 露天開挖場所開挖深度在 1.5 公尺以上，或有地面崩塌、土石飛落之虞時，未設置擋土支撐、反循環樁、連續壁、邊坡保護或張設防護網之設施。

3. 隧道、坑道作業有落磐或土石崩塌之虞，未設置支撐、岩栓或噴凝土之支持構造及未清除浮石；隧道、坑道進出口附近表土有崩塌或土石飛落，未設置擋土支撐、張設防護網、清除浮石或邊坡保護之措施，進出口之地質惡劣時，未採鋼筋混凝土從事洞口之防護。

4. 模板支撐支柱基礎之周邊易積水，導致地盤軟弱，或軟弱地盤未強化承載力。

▲ 圖 1.6　薔蜜颱風造成衛生署鷹架倒塌

四、火災、爆炸

1. 對於有危險物或有油類、可燃性粉塵等其他危險物存在之配管、儲槽、油桶等容器，從事熔接、熔斷或使用明火之作業或有發生火花之虞之作業，未事先清除該等物質，並確認安全無虞。

2. 對於存有易燃性液體之蒸氣或有可燃性氣體滯留，而有火災、爆炸之作業場所，未於作業前測定前述蒸氣、氣體之濃度；或其濃度爆炸下限值之 30%以上時，未即刻使勞工退避至安全場所，並停止使用煙火及其他點火源之機具。

3. 對於存有易燃性液體之蒸氣、可燃性氣體或可燃性粉塵，致有引起火災、爆炸之工作場所，未有通風、換氣、除塵、去除靜電等必要設施。

4. 對於化學設備及其附屬設備之改善、修理、清掃、拆卸等作業，有危險物洩漏致危害作業勞工之虞，未指定專人依規定將閥或旋塞設置雙重關閉或設置盲板。

5. 對於設置熔融高熱物處理設備之建築物及處理、廢棄高熱礦渣之場所，未設有良好排水設備及其他足以防止蒸氣爆炸之必要措施。

6. 局限空間作業場所，使用純氧換氣。

五、中毒、缺氧

1. 於曾裝儲有機溶劑或其混合物之儲槽內部、通風不充分之室內作業場所，或在未設有密閉設備、局部排氣裝置或整體換氣裝置之儲槽等之作業場所，未供給作業勞工輸氣管面罩，並使其確實佩戴使用。

2. 製造、處置或使用特定化學物質危害預防標準所稱之丙類第一種或丁類物質之特定化學管理設備時，未設置適當之溫度、壓力及流量之計測裝置及發生異常之自動警報裝置。

3. 製造、處置或使用特定化學物質危害預防標準所稱之丙類第一種及丁類物質之特定化學管理設備，未設遮斷原料、材料、物料之供輸、未設卸放製品之裝置、未設冷卻用水之裝置，或未供輸惰性氣體。

4. 處置或使用特定化學物質危害預防標準所稱之丙類第一種或丁類物質時，未設洩漏時能立即警報之器具及除卻危害必要藥劑容器之設施。

5. 在人孔、下水道、溝渠、汙（蓄）水池、坑道、隧道、水井、集水（液）井、沉箱、儲槽、反應器、蒸餾塔、生（消）化槽、穀倉、船艙、逆打工法之地下層、筏基坑、溫泉業之硫磺儲水桶及其他自然換氣不充分之工作場所有下列情形之一時：

(1) 空氣中氧氣濃度未滿 18%、硫化氫濃度超過 10 PPM 或一氧化碳濃度超過 35 PPM 時，未確實佩戴空氣呼吸器等呼吸防護具、安全帶及安全索。

(2) 未確實佩戴空氣呼吸器等呼吸防護具時，未置備通風設備予以適當換氣，或未置備空氣中氧氣、硫化氫、一氧化碳濃度之測定儀器，並未隨時測定保持氧氣濃度在 18%以上、硫化氫濃度在 10 PPM 以下及一氧化碳濃度在 35 PPM 以下。

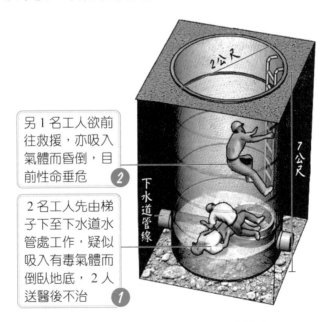

另 1 名工人欲前往救援，亦吸入氣體而昏倒，目前性命垂危 ❷

2 名工人先由梯子下至下水道水管處工作，疑似吸入有毒氣體而倒臥地底，2 人送醫後不治 ❶

2公尺

7公尺

下水道管線

▲ 圖 1.7　下水道工安意外人孔缺氧 2 死

1.3.4 勞動檢查員執行職務迴避辦法

〈勞動檢查員執行職務迴避辦法〉係依《勞動檢查法》第 12 條之規定訂定之。勞動檢查員與受檢查事業單位有利害關係者，應自行迴避，不得執行職務，勞動檢查員應自行迴避之情形之包括：

1. 投資受檢查事業單位達其資本額 5%以上者。

2. 現與或曾與受檢查事業單位主或事業經營負責人發生非屬執行檢查職務所致之糾紛，而為訴訟事件之當事人，依情形足認執行職務有偏頗之虞者。

3. 本人或其配偶、前配偶、四親等內之血親、三親等內血親之配偶、配偶之三親等內血親或其配偶，或曾有此關係者為受檢查事業單位事業主或事業經營負責人。

當勞動檢查員有應自行迴避之情形而不自行迴避或有具體事實足認其執行職務有偏頗之虞時，受檢查事業單位得於檢查結果通知書送達之翌日起 30 日內，舉證原因與事實以書面向勞動檢查機構提出異議，而勞動檢查員對事業單位之異議得提出意見書，惟勞動檢查機構對事業單位之異議處理結果，應於 10 日內函復事業單位，倘若認定事業單位異議有理由時，應另行指派人員重新實施檢查。

> **🦉 編者的話**
>
> 　　有關勞動檢查員之應自行迴避情形與檢查機構對事業單位異議之處理，於代行檢查員及代行檢查機構適用之。
>
> 1. 代行檢查員：領有代行檢查證執行代行檢查職務之人員。
> 2. 代行檢查機構：由中央主管機關指定為辦理危險性機械或設備檢查之行政機關、學術機構、公營事業機構或非營利法人。

1.3.5　危險性機械或設備代行檢查機構管理規則

　　〈危險性機械設備代行檢查機構管理規則〉係依《職業安全衛生法》第 16 條及《勞動檢查法》第 18 條之規定訂定之。中央主管機關對於危險性機械或設備之檢查，除由勞動檢查機構派勞動檢查員實施外，必要時亦得指定代行檢查機構派代行檢查員實施之。

一、代行檢查機構

　　代行檢查機構應具備下列資格之一：

1. 曾從事具有危險性之機械或設備之研究、設計、檢查或相關教育訓練等工作 2 年以上著有成績之行政機關、學術機關、公營事業機構或非由受檢事業單位人員擔任代表人之非營利法人。

2. 訂有機械或設備之專業團體標準或發行專業技術期刊著有成績之學術機關或非由受檢事業單位人員擔任代表人之非營利法人。

3. 中央主管機關為促進機械或設備安全而設立之非營利法人。

代行檢查機構應具備下列規定之設施及專職人員：

1. 固定獨立設置之代行檢查辦事處所，並設有檔案室、檢查設備存放室及足夠容納全部代檢機構人員辦公作息之空間。

2. 符合規定之檢查設備及器具。

3. 置代檢業務一級主管、副主管及二級主管。

4. 置有承辦轄區代行檢查項目、數量所需之代行檢查員。

5. 置有配合承辦代行檢查行政業務所需之事務人員。

6. 其他經中央主管機關認有必要者。

二、代行檢查員

代行檢查員應具備下列資格之一：

1. 專科以上學校有關科系畢業，符合規定資格，經代檢員職前訓練合格，取得證書者。

2. 高等考試或相當高等考試相關類科考試及格，經代檢員職前訓練合格，取得證書者。

3. 曾任勞動檢查員，經勞動檢查員遴用及專業訓練辦法所定之相關專業訓練合格者。

4. 曾經代檢員職前訓練合格，取得證書者。

5. 其他經中央主管機關認具有相當資格者。

1.4 職災勞工保護法系

　　為保障職業災害勞工之權益，加強職業災害之預防，促進就業安全及經濟發展，政府制定了《職業災害勞工保護法》。職業災害勞工保護之主管機關在中央為勞動部；在直轄市為直轄市政府；在縣（市）為縣（市）政府。

　　為加強辦理職業災害預防及補助參加勞工保險而遭遇職業災害之勞工，《職業災害勞工保護法》明定中央主管機關應循預算程序，按年自上年度勞工保險基金職業災害保險收支結餘，提撥 40%以上、60%以下之金額作為「職業災害勞工補助專款」。對未加入勞工保險而遭遇職業災害之勞工，中央主管機關除應編列專款預算外，對雇主違反《職業災害勞工保護法》或雇主應為所屬勞工辦理加入勞工保險而未辦理所處之罰鍰，亦應撥入對未加入勞工保險而遭遇職業災害之勞工補助專款。

　　另為協助職業災害勞工經醫療終止後，能迅速重返就業場所，《職業災害勞工保護法》亦明定中央主管機關得依職業災害勞工意願及工作能力協助其就業，輔導其參加職業訓練，並應安排適當時數之勞工安全衛生教育訓練課程。

　　為加強職業災害之預防，《職業災害勞工保護法》明定政府應建立工殤紀念碑，並定每年 4 月 28 日為「工殤日」，推動勞工安全衛生教育。《職業災害勞工保護法》自 91 年 4 月 28 日起施行，由《職業災害勞工保護法》所衍生的相關法規有：

1. 職業災害勞工保護法施行細則。

2. 職業災害勞工補助及核發辦法。

3. 職業災害預防補助辦法。

4. 職業災害勞工職業重建補助辦法。

5. 職業災害勞工醫療期間退保繼續參加勞工保險辦法。

一、職業災害勞工保護法施行細則

　　《職業災害勞工保護法施行細則》係依《職業災害勞工保護法》第 40 條之規定訂定之。細則中明定未加入勞工保險遭遇職業災害而致死亡之勞工，當雇主未依勞動基準法規定予以補償時，得比照勞工保險條例之標準，按最低投保薪資，一次發給 5 個月之喪葬補助；遺有配偶、子女、父母、祖父母、專受其扶養之孫子女或兄弟、姊妹者，並按最低月投保薪資，一次發給 40 個月之遺屬補助。值得注意的是，專受遭遇職業災害而致死亡勞工扶養之孫子女或兄弟、姊妹，指其本人無謀生能力且不能維持生活，需專賴遭受職業災害死亡之勞工生前扶養者。遭受職業災害死亡勞工之補償金額，其喪葬補助及遺屬補助應扣除雇主已支付之補償金額。遺屬申請職業災害勞工死亡補助之順位如下：

1. 配偶及子女。

2. 父母

3. 祖父母。

4. 孫子女。

5. 兄弟姊妹。

二、職業災害勞工補助及核發辦法

　　〈職業災害勞工補助及核發辦法〉係依《職業災害勞工保護法》第 8 條及第 9 條之規定訂定之。勞工在遭遇職業災害後,已加入勞工保險之勞工得向勞工保險局申請補助;未加入勞工保險之勞工亦得向勞工保險局申請補助。職業災害勞工得請領之津貼及補助項目包括:

1. 生活津貼。

2. 失能生活津貼。

3. 職業訓練生活津貼。

4. 器具補助。

5. 看護補助。

6. 家屬補助。

三、職業災害預防補助辦法

　　〈職業災害預防補助辦法〉係依據《職業災害勞工保護法》第 10 條之規定訂定之。為加強職業災害預防及職業災害勞工之重建,事業單位、職業訓練機構及相關團體得向勞工保險局申請補助,辦理下列有關職業災害防治及職業災害勞工職業重建等事項:

1. 職業災害之研究。

2. 職業疾病之防治。

3. 職業疾病醫師及職業衛生護理人員之培訓。

4. 安全衛生設施之改善與管理制度之建立及機械本質安全化制度之推動。

5. 勞工安全衛生之教育訓練及宣導。

6. 職業災害勞工之職業重建。

7. 職業災害勞工之職業輔導評量。

8. 其他與職業災害預防及職業重建有關之事項。

　　勞動部應於每年 10 月底前依職業災害預防之需要，公告下年度職業災害預防重點及優先補助事項；但為預防職業災害特殊需要者，得隨時公告之。職安署受理申請案件後，應依規定進行審核，並組成職業災害預防及重建補助審查委員會，予以審議。職安署於審核申請單位之補助金額時，應考量年度職業災害預防重點事項、經費、實施計畫預期效益，決定補助額度。中央主管機關及職安署必要時，得派員實地查訪受補助單位辦理情形，並得實施稽核及績效評估，以落實計畫之施行。

四、職業災害勞工職業重建補助辦法

　　〈職業災害勞工職業重建補助辦法〉係依據《職業災害勞工保護法》第 10 條之規定訂定之。職業重建之對象為勞工發生職業災害後，由醫師診斷為職業傷病，致工作能力降低或喪失者，職業災害勞工職業重建包括下列事項：

1. 心理輔導及社會適應。

2. 工作能力評估及強化。

3. 職務再設計。

4. 職業輔導評量。

5. 職業訓練。

6. 就業服務、追蹤及輔導再就業。

7. 其他職業災害勞工職業重建相關研究事項。

🦉 編者的話

1. 工作能力評估及強化係指為協助職業災害勞工復工，提供工作分析及功能性體能測驗，並進行增進其生心理功能之治療、復健及訓練。
2. 職務再設計係指協調改善工作環境或工作機具設備、調整職務內容、工作方法及條件或應用就業輔助器具等措施，協助職業災害勞工重返職場，提高工作效能。
3. 職業輔導評量係指為瞭解職業災害勞工之職業潛能、興趣、技能、工作人格及生理狀況等所實施之評量，以提供具體就業建議，協助職業災害勞工適性就業。

　　職安署受理職業災害勞工職業重建申請案件後，應依規定進行審核，並組成職業災害預防及重建補助審查委員會，予以審議，並於每年二月底前，將前一年度補助情形報中央主管機關備查。職安署於審核申請單位之補助金額時，應考量年度職業災害預防重點事項、經費、實施計畫預期效益，決定補助額度。中央主管機關及職安署必要時，得派員實地查訪受補助單位辦理情形，並得實施稽核及績效評估，以落實計畫之施行。

五、職業災害勞工醫療期間退保繼續參加勞工保險辦法

〈職業災害勞工醫療期間退保繼續參加勞工保險辦法〉係依據《職業勞工保險法》第 30 條之規定訂定之。參加勞工保險之職業災害勞工，於職業災害醫療期間終止勞動契約故而退出勞工保險，其自願繼續加保者，得於離職退保之當日起 5 年內，向勞工團體，或向勞動部勞工保險局委託之有關團體辦理加保手續，或逕向勞保局申報加保，原投保單位亦得為其職業災害被保險人辦理續保手續，至符合請領老年給付之日止。而其保險費由被保險人負擔 50%，「職業災害勞工補助專款」負擔 50%。值得注意的是，職業災害勞工若請領失能給付，且經評估為終身不能從事工作者，則不得繼續加保。

🦉 編者的話

勞工職災保險將有重大變革，勞委會研擬職災保險與勞工保險分流，單獨另訂職業災害保險法，而且打破勞保僱滿 5 人以上才強制納保、投保薪資上限兩大門檻。職業災害保險法規定所有受僱勞工都採強制納保，並提高職災投保薪資上限。勞工因職災重殘失去工作能力，每月領的基礎失能年金也大幅提高到投保薪資 50%，對職災勞工將是一大福音。職業災害保險法是簡易加保，將利用現有林立的便利商店、郵局等據點，甚至如 App 行動網等，民眾只要有需要叫工，隨時上便利商店操作，就可為臨時工辦好職災保險。

習題　　　　　　　　　　　　　　　　　　　　　EXERCISE

一、選擇題

( ) 1. 具顯著風險之第一類事業,勞工人數在幾人以上者,應參照其職業安全衛生管理系統指引,建立適合該事業單位之職業安全衛生管理系統　(1)100 人　(2)200 人　(3)300 人　(4)400 人。

( ) 2. 職業傷害頻率係指每　(1)月　(2)季　(3)年　(4)百萬工時　之失能傷害次數。

( ) 3. 從事石油產品之裂解反應,以製造石化基本原料之工作場所屬　(1)甲類　(2)乙類　(3)丙類　(4)丁類　危險性工作場所。

( ) 4. 從事以化學物質製造爆炸性物品之火藥類製造工廠屬　(1)甲類　(2)乙類　(3)丙類　(4)丁類　危險性工作場所。

( ) 5. 蒸汽鍋爐之傳熱面積在 500 平方公尺以上之工廠屬　(1)甲類　(2)乙類　(3)丙類　(4)丁類　危險性工作場所。

( ) 6. 下列營造工程何種屬丁類危險性工作場所　(1)建築物高度在 75 公尺以上之建築工程　(2)單跨橋梁之橋墩跨距在 70 公尺以上之橋樑工程　(3)採用壓氣施工作業之工程　(4)長度 800 公尺以上之隧道工程。

( ) 7. 甲類危險性工作場所應於開始作業前　(1)15日　(2)30日　(3)45日　(4)60日　向勞動檢查機構申請審查及檢查。

( ) 8. 乙類危險性工作場所應於開始作業前　(1)15日　(2)30日　(3)45日　(4)60日　向勞動檢查機構申請審查及檢查。

( ) 9. 丙類危險性工作場所應於開始作業前　(1)15日　(2)30日　(3)45日　(4)60日　向勞動檢查機構申請審查及檢查。

（　）10. 丁類危險性工作場所應於開始作業前　(1)15日　(2)30日　(3)45日　(4)60日　向勞動檢查機構申請審查及檢查。

（　）11. 工殤日為每年之　(1)2月28日　(2)3月28日　(3)4月28日　(4)5月28日。

（　）12. 參加勞工保險之職業災害勞工，於職業災害醫療期間終止勞動契約故而退出勞工保險，其自願繼續加保者，得於離職退保之當日起幾5年內辦理加保手續　(1)2年　(2)3年　(3)4年　(4)5年。

二、問答題

1. 職業安全衛生管理系統包括哪五個主要項目？

2. 試說明事業單位的經營者應有之安全衛生理念。

3. 何謂「職業災害嚴重率」與「職業傷害頻率」，試說明之。

4. 危險性工作場所包括哪些場所，試說明之。

5. 重大職業災害包括哪些情形，試說明之。

6. 工作場所有立即發生危險之虞包括哪些類型？

7. 遺屬申請職業災害死亡勞工補助之順序為何，試說明之。

8. 參加勞工保險之職業災害勞工，於職業災害醫療期間退出勞工保險，其自願繼續加保者，如何辦理？

MEMO

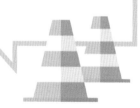

02
CHAPTER

安全衛生管理

OCCUPATIONAL
SAFETY AND HEALTH

　　職業安全衛生的提升與落實，必須仰賴企業完善的安全衛生管理制度的發揮，以保障勞工的安全與健康，並可提升企業經營績效與競爭力，因此一個健全的安全衛生管理制度是推動安全衛生最重要的課題。安全衛生管理由雇主或對事業具管理權限之雇主代理人綜理；由事業單位內各級主管依職權指揮、監督所屬執行，並協調及指導有關人員實施。安全衛生管理組織及人員應規劃訂定適用於事業單位之安全衛生管理制度，並督導考核各級主管及管理、指揮、監督有關人員貫徹實施。安全衛生管理制度應包括安全衛生政策、管理體制與組織、教育訓練、自動檢查、緊急應變、健康管理及承攬管理等事項。

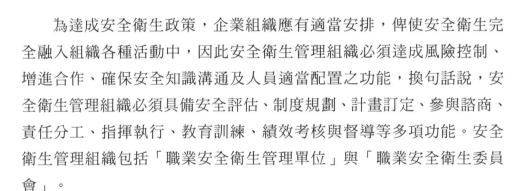

2.1 安全衛生管理組織

　　為達成安全衛生政策，企業組織應有適當安排，俾使安全衛生完全融入組織各種活動中，因此安全衛生管理組織必須達成風險控制、增進合作、確保安全知識溝通及人員適當配置之功能，換句話說，安全衛生管理組織必須具備安全評估、制度規劃、計畫訂定、參與諮商、責任分工、指揮執行、教育訓練、績效考核與督導等多項功能。安全衛生管理組織包括「職業安全衛生管理單位」與「職業安全衛生委員會」。

一、職業安全衛生管理單位

　　具顯著風險之第一類事業勞工人數在 100 人以上及中度風險之第二類事業勞工人數在 300 人以上之事業單位，應設置直接隸屬雇主之專責一級職業安全衛生管理單位，職業安全衛生管理單位，為事業單

位內擬訂、規劃、督導及推動職業安全衛生有關業務之組織，應為事業單位內部直接隸屬雇主或事業經營負責人之專責一級單位，並指導有關部門實施，並視事業之規模配置安全衛生業務主管及安全衛生管理人員。由於安全衛生管理單位及人員是雇主之安全衛生幕僚，必須負起事業單位政策擬定、制度規劃、計畫訂定、教育訓練、督導考核之責任。職業安全衛生組織、人員、工作場所負責人及各級主管之職責如下：

1. 職業安全衛生管理單位：擬訂、規劃、督導及推動安全衛生管理事項，並指導有關部門實施。

2. 職業安全衛生委員會：對雇主擬訂之安全衛生政策提出建議，並審議、協調及建議安全衛生相關事項。

3. 未置有職業安全（衛生）管理師、職業安全衛生管理員事業單位之職業安全衛生業務主管：擬訂、規劃及推動安全衛生管理事項。

4. 置有職業安全（衛生）管理師、職業安全衛生管理員事業單位之職業安全衛生業務主管：主管及督導安全衛生管理事項。

5. 職業安全（衛生）管理師、職業安全衛生管理員：擬訂、規劃及推動安全衛生管理事項，並指導有關部門實施。

6. 工作場所負責人及各級主管：依職權指揮、監督所屬執行安全衛生管理事項，並協調及指導有關人員實施。

7. 一級單位之職業安全衛生人員：協助一級單位主管擬訂、規劃及推動所屬部門安全衛生管理事項，並指導有關人員實施。

二、職業安全衛生委員會

　　為了發揮參與諮商、集思廣益之效果，依規定應設置職業安全衛生管理單位之事業單位，應設「職業安全衛生委員會」。職業安全衛生委員會置委員 7 人以上，並以雇主為主任委員綜理會務，委員會由主任委員指定 1 人為秘書，輔助其綜理會務。事業單位依規定設置職業安全衛生委員會時，應製作職業安全衛生委員會名冊留存備查。「職業安全衛生委員會」委員除雇主為當然委員及勞工代表外，由雇主視該事業單位之實際需要指定下列人員組成，其中勞工代表應占「職業安全衛生委員會」委員人數之 1/3 以上：

1. 職業安全衛生人員。

2. 事業內各部門之主管、監督、指揮人員。

3. 與職業安全衛生有關之工程技術人員。

4. 從事勞工健康服務之醫護人員。

5. 勞工代表。

編者的話

　　事業單位設有總機構者，除於地區性事業單位設有職業安全衛生委員會外，必要時得於總機構設置職業安全衛生委員會。

▲圖 2.1　職業安全衛生委員會議

　　職業安全衛生委員會，以研議、協調及建議安全衛生事務，為事業內審議、協調及建議安全衛生有關業務之組織，其職責為對雇主擬定之安全衛生政策提出建議，及審議、協調、建議安全衛生相關事項。職業安全衛生委員會委員任期 2 年，並以雇主為主任委員，綜理會務，並應每 3 個月開會一次，辦理下列事項，由主任委員擔任主席，必要時得召開臨時會議：

1. 對雇主擬訂之職業安全衛生政策提出建議。

2. 協調、建議職業安全衛生管理計畫。

3. 審議安全、衛生教育訓練實施計畫。

4. 審議作業環境監測計畫、監測結果及採行措施。

5. 審議健康管理、職業病預防及健康促進事項。

6. 審議各項安全衛生提案。

7. 審議事業單位自動檢查及安全衛生稽核事項。

8. 審議機械、設備或原料、材料危害之預防措施。

9. 審議職業災害調查報告。

10. 考核現場安全衛生管理績效。

11. 審議承攬業務安全衛生管理事項。

12. 其他有關職業安全衛生管理事項。

三、協議組織

　　企業經營走向專業分包為時勢所趨，因此承攬關係也趨於複雜，事業單位如未能善盡協調及統籌指揮之責，放任同一期間共同作業之各工種各行其是，則勞工如同烏合之眾，在無紀律、無指揮下貿然搏命。依我國職業安全衛生法規定，事業單位與承攬人、再承攬人分別僱用勞工共同作業時，為防止職業災害，原事業單位應採取下列必要措施：

1. 設置協議組織，並指定工作場所負責人，擔任指揮、監督及協調之工作。

2. 工作之連繫與調整。

3. 工作場所之巡視。

4. 相關承攬事業間之安全衛生教育之指導及協助。

5. 其他為防止職業災害之必要事項。

　　值得注意的是，倘使事業單位分別交付二個以上承攬人共同作業而未參與共同作業時，應指定承攬人之一負原事業單位之責任。另事業單位以其事業招人承攬時應注意下列事項：

1. 事業單位以其事業之全部或一部分交付承攬時，應於事前告知該承攬人有關其事業工作環境、危害因素，及有關安全衛生規定應採取之措施。承攬人就其承攬之全部或一部分交付再承攬時，承攬人亦應依規定告知再承攬人。

2. 二個以上之事業單位分別出資共同承攬工程時，應互推一人為代表人；該代表人視為該工程之事業雇主，負雇主防止職業災害之責任。

3. 事業單位以其事業招人承攬時，其承攬人就承攬部分負雇主之責任；原事業單位就職業災害補償仍應與承攬人負連帶責任。再承攬者亦同。

4. 原事業單位違反職業安全衛生法或有關安全衛生規定，致承攬人所僱勞工發生職業災害時，與承攬人負連帶賠償責任。再承攬者亦同。

▲ 圖 2.2　協議組織會議

事業單位與承攬人、再承攬人分別僱用勞工共同作業時，所設置之協議組織，應由原事業單位召集之，並定期或不定期進行協議下列事項：

1. 安全衛生管理之實施及配合。

2. 勞工作業安全衛生及健康管理規範。

3. 從事動火、高架、開挖、爆破、高壓電活線等危險作業之管制。

4. 對進入局限空間、有害物作業等作業環境之作業管制。

5. 電氣機具入廠管制。

6. 作業人員進場管制。

7. 變更管理。

8. 劃一危險性機械之操作信號、工作場所標識（示）、有害物空容器放置、警報、緊急避難方法及訓練等。

9. 使用打樁機、拔樁機、電動機械、電動器具、軌道裝置、乙炔熔接裝置、電弧熔接裝置、換氣裝置及沉箱、架設通道、施工架、工作架台等機械、設備或構造物時，應協調使用上之安全措施。

10. 其他認有必要之協調事項。

2.2　安全衛生管理人員

安全衛生管理人員為事業單位內擬訂、規劃及推動安全衛生管理業務者，其職責為擬訂、規劃及推動安全衛生管理事項，並指導有關部門實施，安全衛生管理人員包括下列人員：

1. 職業安全衛生業務主管。

2. 職業安全管理師。

3. 職業衛生管理師。

4. 職業安全衛生管理員。

　　職業安全衛生業務主管，雇主應自該事業之相關主管或專職勞工安全衛生事務者選任之，雇主應使其接受安全衛生教育訓練。但營造業之事業單位，應由曾受營造業職業安全衛生業務主管教育訓練者選任之。職業安全管理師、職業衛生管理師、職業安全衛生管理員，雇主應自事業單位勞工中符合資格者選任之。

2.2.1　應具備之資格

一、職業安全衛生業務主管

1. 甲種職業安全衛生業務主管應接受「甲種職業安全衛生業務主管」安全衛生教育訓練，訓練期滿測驗合格，領有結業證書者。

2. 乙種職業安全衛生業務主管應接受「乙種職業安全衛生業務主管」安全衛生教育訓練，訓練期滿測驗合格，領有結業證書者。

3. 丙種職業安全衛生業務主管應接受「丙種職業安全衛生業務主管」安全衛生教育訓練，訓練期滿測驗合格，領有結業證書者。

4. 營造業甲種職業安全衛生業務主管應接受「營造業甲種職業安全衛生業務主管」安全衛生教育訓練，訓練期滿測驗合格，領有結業證書者。

5. 營造業乙種職業安全衛生業務主管應接受「營造業乙種職業安全衛生業務主管」安全衛生教育訓練，訓練期滿測驗合格，領有結業證書者。

6. 營造業丙種職業安全衛生業務主管應接受「營造業丙種職業安全衛生業務主管」安全衛生教育訓練，訓練期滿測驗合格，領有結業證書者。

🦉 編者的話

　　具有職業安全管理師、職業衛生管理師、職業安全衛生管理員資格或經職業安全管理師、職業衛生管理師、職業安全衛生管理員之安全衛生教育訓練，訓練合格領有結業證書者，得免接受甲種、乙種、丙種職業安全衛生業務主管之安全衛生教育訓練，即具甲種、乙種、丙種職業安全衛生業務主管之資格。

二、職業安全管理師

1. 高等考試工業安全類科錄取或具有工業安全技師資格。

2. 領有職業安全管理甲級技術士證照。

3. 曾任勞動檢查員，具有勞工安全檢查工作經驗滿 3 年以上。

三、職業衛生管理師

1. 高等考試工業衛生類科錄取或具有工礦衛生技師資格。

2. 領有職業衛生管理甲級技術士證照。

3. 曾任勞動檢查員，具有勞工衛生檢查工作經驗滿 3 年以上。

四、職業安全衛生管理員

1. 具有職業安全管理師或職業衛生管理師資格。

2. 領有職業安全衛生管理乙級技術士證照。

3. 曾任勞動檢查員，具有勞動檢查工作經驗滿 2 年以上。

4. 普通考試工業安全類科錄取。

🦉 編者的話

修畢工業安全、工業衛生相關科目 18 學分以上，並具有國內外大專以上校院工業安全、工業衛生相關類科碩士以上學位，原具備職業安全、衛生管理師資格，自 101 年 7 月 1 日起不再適用；修畢工業安全衛生相關科目 18 學分以上，並具有國內外大專以上校院工業安全衛生相關科系畢業，自 103 年 7 月 1 日起不再適用。

2.2.2　應設置之人員

應設置職業安全衛生管理單位之事業單位，雇主應依下表之規定，設置安全衛生管理人員，第一類事業之事業單位勞工人數在 100 人以上者，所置安全衛生管理人員應為專職；第二類事業之事業單位勞工人數在 300 人以上者，所置安全衛生管理人員應至少 1 人為專職。所謂專職安全衛生管理人員，應常駐廠場執行業務，不得兼任其他法令所定專責（任）人員或從事其他與職業安全衛生無關之工作。

▼ 表 2.1　事業單位應設置安全衛生管理人員

事業		規模(勞工人數)	應置之管理人員
第一類事業之事業單位（顯著風險事業）	營造業之事業單位	未滿 30 人	丙種職業安全衛生業務主管
		30~99 人	乙種職業安全衛生業務主管及職業安全衛生管理員各 1 人
		100~299 人	甲種職業安全衛生業務主管及職業安全衛生管理員各 1 人
		300~499 人	甲種職業安全衛生業務主管 1 人、職業安全（衛生）管理師 1 人及職業安全衛生管理員 2 人以上
		500 人以上	甲種職業安全衛生業務主管 1 人、職業安全（衛生）管理師及職業安全衛生管理員各 2 人以上
	營造業以外之事業單位	未滿 30 人	丙種職業安全衛生業務主管
		30~99 人	乙種職業安全衛生業務主管
		100~299 人	甲種職業安全衛生業務主管及職業安全衛生管理員各 1 人
		300~499 人	甲種職業安全衛生業務主管 1 人、職業安全（衛生）管理師及職業安全衛生管理員各 1 人以上
		500~999 人	甲種職業安全衛生業務主管 1 人、職業安全（衛生）管理師 1 人及職業安全衛生管理員 2 人以上
		1000 人以上	甲種職業安全衛生業務主管 1 人、職業安全（衛生）管理師及職業安全衛生管理員各 2 人以上
第二類事業之事業單位（中度風險事業）		未滿 30 人	丙種職業安全衛生業務主管
		30~99 人	乙種職業安全衛生業務主管
		100~299 人	甲種職業安全衛生業務主管
		300~499 人	甲種職業安全衛生業務主管及職業安全衛生管理員各 1 人
		500 人以上	甲種職業安全衛生業務主管、職業安全（衛生）管理師及職業安全衛生管理員各 1 人以上

▼ 表 2.1　事業單位應設置安全衛生管理人員（續）

事業	規模(勞工人數)	應置之管理人員
第三類事業之事業單位（低度風險事業）	未滿 30 人	丙種職業安全衛生業務主管
	30~99 人	乙種職業安全衛生業務主管
	100~499 人	甲種職業安全衛生業務主管
	500 人以上	甲種職業安全衛生業務主管及職業安全衛生管理員各 1 人

🦉 編者的話

　　事業單位勞工人數之計算，包含原事業單位、承攬人、再承攬人分別所僱用之勞工於同一期間、同一工作場所作業時之總人數。事業設有總機構者，其勞工人數之計算，包含所屬各地區事業單位作業勞工之人數。

一、人員之增置

1. 第一類事業之事業單位對於所屬從事製造之一級單位，勞工人數在 100 人以上未滿 300 人者，應另置甲種職業安全衛生業務主管 1 人，勞工人數 300 人以上者，應至少增置專職職業安全衛生管理員 1 人。

2. 營造業之事業單位對於橋樑、道路、隧道或輸配電等距離較長之工程，應於每 10 公里內增置營造業丙種職業安全衛生業務主管 1 人。

3. 事業設有總機構者，除各該地區事業單位之管理單位及管理人員外，應依下列規定另於總機構或其地區事業單位設綜理全事業之勞工安全衛生事務之管理單位及置管理人員，辦理勞工安全衛生管理事項，所置管理人員，應為專職：

(1) 第一類事業勞工人數在 500 人以上者,應設直接隸屬雇主之專責一級管理單位;勞工人數在 500 人以上未滿 1,000 人者,應置甲種職業安全衛生業務主管及職業安全衛生管理員各 1 人;勞工人數在 1,000 人以上者,應置甲種職業安全衛生業務主管、職業安全衛生管理員及職業安全(衛生)管理師各 1 人以上。

(2) 第二類事業勞工人數在 500 人以上者,應設直接隸屬雇主之一級管理單位;事業勞工人數在 500 人以上未滿 1,000 人者,應置甲種職業安全衛生業務主管及職業安全衛生管理員各 1 人;勞工人數在 1,000 人以上者,應置甲種職業安全衛生業務主管、職業安全衛生管理員及職業安全(衛生)管理師各 1 人以上。

(3) 第三類事業勞工人數在 3,000 人以上者,應設管理單位及置甲種職業安全衛生業務主管及職業安全衛生管理員各 1 人以上。

二、人員之管理

1. 勞工安全衛生人員因故未能執行職務時,雇主應即指定適當代理人,其代理期間不得超過 3 個月。

2. 勞工人數在 30 人以上之事業單位,其勞工安全衛生人員離職時,應即報當地檢查機構備查。

3. 事業單位勞工人數未滿 30 人者,其應置之勞工安全衛生業務主管,得由事業經營負責人或其代理人擔任。

4. 安全衛生管理人員雇主應使其接受安全衛生教育訓練,教育訓練之執行應留存紀錄備查。

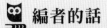 **編者的話**

　　僱用勞工人數在 30 人以上之事業單位，依規定設置管理單位或勞工安全衛生人員時，應於事業開始之日填具「職業安全衛生管理單位（人員）設置（變更）報備書」陳報檢查機構備查，變更時亦同。

　　值得一提的是，職安署新建置「安全衛生履歷智能雲」系統，自 110 年 1 月 4 日正式上線，該系統將取代既有「職業安全衛生管理單位及人員設置報備系統」，並整合「職業安全衛生教育訓練資訊管理系統」等相關安全衛生教育訓練資訊。

2.3　安全衛生管理措施

　　安全衛生管理涵蓋安全衛生政策、安全衛生目標、安全衛生計畫、安全衛生之執行、安全衛生執行成果之評估及安全衛生改善措施等。安全衛生管理之執行應包括職業安全衛生計畫事項、作業環境危害辨識、機械、設備、原料或材料危害之預防措施、監測事項、製程或施工安全之風險評估、安全衛生工程控制，及安全衛生管理紀錄、績效評估等事項。職業安全衛生管理計畫之內容，應包括職業安全衛生管理事項及危害預防事項。

2.3.1　風險分級管理

　　為落實風險分級管控原則，依職業災害統計分析資料，事業單位依危害風險之不同區分如下：

1. 第一類事業：具顯著風險者。

2. 第二類事業：具中度風險者。

3. 第三類事業：具低度風險者。

一、具顯著風險之第一類事業

1. 礦業及土石採取業：

    (1) 煤礦業。

    (2) 石油、天然氣及地熱礦業。

    (3) 金屬礦業。

    (4) 土礦及石礦業。

    (5) 化學與肥料礦業。

    (6) 其他礦業。

    (7) 土石採取業。

2. 製造業中之下列事業：

    (1) 紡織業。

    (2) 木竹製品及非金屬家具製造業。

    (3) 造紙、紙製品製造業。

    (4) 化學材料製造業。

    (5) 化學品製造業。

    (6) 石油及煤製品製造業。

    (7) 橡膠製品製造業。

    (8) 塑膠製品製造業。

    (9) 水泥及水泥製品製造業。

    (10) 金屬基本工業。

    (11) 金屬製品製造業。

(12) 機械設備製造修配業。

(13) 電力及電子機械器材製造修配業中之電力機械器材製造修配業。

(14) 運輸工具製造修配業。

(15) 電力及電子機械器材製造修配業中之電子機械器材製造業及電池製造業。

(16) 食品製造業。

(17) 飲料及菸草製造業。

(18) 皮革、毛皮及其製品製造業。

(19) 電腦、電子產品及光學製品製造業。

(20) 電子零組件製造業。

(21) 其他非金屬礦物製品製造業。

3. 營造業：

(1) 土木工程業。

(2) 建築工程業。

(3) 電路及管道工程業。

(4) 油漆、粉刷、裱蓆業。

(5) 其他營造業。

4. 水電燃氣業中之下列事業：

(1) 電力供應業。

(2) 氣體燃料供應業。

(3) 暖氣及熱水供應業。

5. 運輸、倉儲及通信業之下列事業：

(1) 運輸業中之水上運輸業及航空運輸業。

(2) 運輸業中之陸上運輸業及運輸服務業。

(3) 倉儲業。

6. 機械設備租賃業中之生產性機械設備租賃業。

7. 環境衛生服務業。

8. 洗染業。

9. 批發零售業中之下列事業：

    (1) 建材批發業。

    (2) 建材零售業。

    (3) 燃料批發業。

    (4) 燃料零售業。

10. 其他服務業中之下列事業：

    (1) 建築物清潔服務業。

    (2) 病媒防治業。

    (3) 環境衛生及汙染防治服務業。

11. 公共行政業中之下列事業：

    (1) 從事營造作業之事業。

    (2) 從事廢棄物清除、處理、廢（汙）水處理事業之工作場所。

12. 國防事業中之生產機構。

13. 中央主管機關指定達一定規模之事業。

二、中度風險之第二類事業

1. 農、林、漁、牧業：

    (1) 農藝及園藝業。

    (2) 農事服務業。

    (3) 畜牧業。

  (4) 林業及伐木業。

  (5) 漁業。

2. 礦業及土石採取業中之鹽業。

3. 製造業中之下列事業：

  (1) 普通及特殊陶瓷製造業。

  (2) 玻璃及玻璃製品製造業。

  (3) 精密器械製造業。

  (4) 雜項工業製品製造業。

  (5) 成衣及服飾品製造業。

  (6) 印刷、出版及有關事業。

  (7) 藥品製造業。

  (8) 其他製造業。

4. 水電燃氣業中之自來水供應業。

5. 運輸、倉儲及通信業中之下列事業：

  (1) 電信業。

  (2) 郵政業。

6. 餐旅業：

  (1) 飲食業。

  (2) 旅館業。

7. 機械設備租賃業中之下列事業：

  (1) 事務性機器設備租賃業。

  (2) 其他機械設備租賃業。

8. 醫療保健服務業：

   (1) 醫院。

   (2) 診所。

   (3) 衛生所及保健站。

   (4) 醫事技術業。

   (5) 助產業。

   (6) 獸醫業。

   (7) 其他醫療保健服務業。

9. 修理服務業：

   (1) 鞋、傘、皮革品修理業。

   (2) 電器修理業。

   (3) 汽車及機踏車修理業。

   (4) 鐘錶及首飾修理業。

   (5) 家具修理業。

   (6) 其他器物修理業。

10. 批發零售業中之下列事業：

    (1) 家庭電器批發業。

    (2) 機械器具批發業。

    (3) 回收物料批發業。

    (4) 家庭電器零售業。

    (5) 機械器具零售業。

    (6) 綜合商品零售業。

11. 不動產及租賃業中之下列事業：

    (1) 不動產投資業。

    (2) 不動產管理業。

12. 輸入、輸出或批發化學原料及其製品之事業。

13. 運輸工具設備租賃業中之下列事業：
    (1) 汽車租賃業。
    (2) 船舶租賃業。
    (3) 貨櫃租賃業。
    (4) 其他運輸工具設備租賃業。

14. 專業、科學及技術服務業中之下列事業：
    (1) 建築及工程技術服務業。
    (2) 廣告業。
    (3) 環境檢測服務業。

15. 其他服務業中之下列事業：
    (1) 保全服務業。
    (2) 汽車美容業。
    (3) 浴室業。

16. 個人服務業中之停車場業。

17. 政府機關（構）、職業訓練事業、顧問服務業、學術研究及服務業、教育訓練服務業之大專院校、高級中學、高級職業學校等之實驗室、試驗室、實習工場或試驗工場（含試驗船、訓練船）。

18. 公共行政業組織條例或組織規程明定組織任務為從事工程規劃、設計、施工、品質管制、進度管控及竣工驗收等之工務機關（構）。

19. 工程顧問業從事非破壞性檢測之工作場所。

20. 零售化學原料之事業，使勞工裝卸、搬運、分裝、保管上述物質之工作場所。

21. 批發業、零售業中具有冷凍（藏）設備、使勞工從事荷重 1 公噸以上之堆高機操作及儲存貨物高度 3 公尺以上之工作場所者。

22. 休閒服務業。

23. 動物園業。

24. 國防事業中之軍醫院、研究機構。

25. 零售車用燃料油（氣）、化學原料之事業，使勞工裝卸、搬運、分裝、保管上述物質之工作場所。

26. 教育訓練服務業之大專校院有從事工程施工、品質管制、進度管控及竣工驗收等之工作場所。

27. 國防部軍備局有從事工程施工、品質管制、進度管控及竣工驗收等之工作場所。

28. 中央主管機關指定達一定規模之事業。

三、低度風險之第三類事業

上述指定之第一類及第二類事業以外之事業。

2.3.2　管理之執行

一、建立管理系統

第一類事業勞工人員數在 300 人以上之事業單位，應參照中央主管機關所訂定之指引，建立適合該事業單位之職業勞工安全衛生管理系統，職業安全衛生管理系統應至少包括下列安全衛生事項：

1. 政策。　　　　　2. 組織。　　　　　3. 規劃與實施。

4. 評估。　　　　　5. 改善措施。

🦉 編者的話

　　勞工安全衛生管理系統之建立與執行，應留存紀錄備查，並保存紀錄 3 年。

二、訂定安全衛生管理計畫

　　雇主應依其事業規模、特性，訂定勞工安全衛生管理計畫，執行下列事項，勞工安全衛生管理事項之執行，應留存紀錄備查，並保存 3 年：

1. 工作環境或作業危害之辨識、評估及控制。

2. 機械、設備或器具之管理。

3. 危險物與有害物之標示及通識。

4. 有害作業環境之採樣策略規劃及監測。

5. 危險性工作場所之製程或施工安全評估事項。

6. 採購管理、承攬管理及變更管理事項。

7. 安全衛生作業標準之訂定。

8. 定期檢查、重點檢查、作業檢點及現場巡視。

9. 安全衛生教育訓練。

10. 個人防護具之管理。

11. 健康檢查、健康管理及健康促進事項。

12. 安全衛生資訊之蒐集、分享及運用。

13. 緊急應變措施。

14. 職業災害、虛驚事故、影響身心健康事件之調查處理及統計分析。

15. 安全衛生管理記錄及績效評估措施。

16. 其他安全衛生管理措施。

🦉 編者的話

　　於勞工人數在 100 人以上之事業單位，應另訂定職業安全衛生管理規章，要求各級主管及管理、指揮、監督有關人員執行；於勞工人數在 30 人以下之事業單位得以執行紀錄或文件代替職業安全衛生管理計畫。

三、執行事項

　　第一類事業勞工人數在 300 人以上之事業單位，勞工安全衛生管理事項之執行應包括下列事項，執行紀錄應保存 3 年：

1. 於引進或修改製程、作業程序、材料及設備前，應評估其職業災害之風險，並採取適當之預防措施，並應使勞工充分知悉並接受相關教育訓練。

2. 關於機械、器具、設備、物料、原料及個人防護具等之採購、租賃，其契約內容應有符合法令及實際需要之職業安全衛生具體規範，並於驗收、使用前確認其符合規定。

3. 事業單位將營繕工程之施工、規劃、設計及監造等交付承攬或委託，其契約內容應有防止職業災害之具體規範，並列為履約要件。

4. 以其事業之全部或一部分交付承攬或與承攬人分別僱用勞工於同一期間、同一工作場所共同作業時，應就承攬人之安全衛生管理能力、職業災害通報、危險作業管制、教育訓練、緊急應變及安全衛生績效評估等事項，訂定承攬管理計畫，並促使承攬人及其勞工，遵守職業安全衛生法令及原事業單位所定之職業安全衛生管理事項。

5. 應依事業單位之潛在風險，訂定緊急狀況預防、準備及應變之計畫，並定期實施演練。

2.4 危害防護管理

一、自動檢查

為保障勞工之安全與健康，雇主對勞工使用之機械、設備及其作業，應訂定自動檢查計畫實施自動檢查。自動檢查應指定該作業之人員為之，勞工、主管人員及安全衛生管理人員實施檢查、檢點，如發現對勞工有危害之虞時，應即報告上級主管；實施之自動檢查，於發現有異常時，應立即檢修及採取必要措施。倘若事業單位承租、承借機械、設備或器具供勞工使用者，亦應對該機械、設備或器具實施自動檢查。

> ### 🦉 編者的話
>
> 　　事業單位承租、承借機械、設備或器具供勞工使用者，該機械、設備或器具之自動檢查，於事業單位承租、承借機械、設備或器具時，得以書面約定由出租、出借人為之。

　　當事業單位以其事業之全部或部分交付承攬或再承攬時，如該承攬人使用之機械、設備或器具係由原事業單位提供者，該機械、設備或器具應由原事業單位實施定期檢查及重點檢查，該定期檢查及重點檢查於有必要時得由承攬人或再承攬人會同實施。

> ### 🦉 編者的話
>
> 　　事業單位以其事業之全部或部分交付承攬或再承攬時，原由事業單位實施之定期檢查及重點檢查，如承攬人或再承攬人具有實施自動檢查之能力時，得以書面約定承攬人或再承攬人為之。

一、定期檢查

　　為保障勞工之工作安全，勞工作業使用之機械、設備應實施定期檢查，以維持其應有之性能，所實施之定期檢查應就下列事項記錄，並將紀錄保存 3 年：

1. 檢查年月日。

2. 檢查方法。

3. 檢查部分。

4. 檢查結果。

5. 實施檢查者之姓名。

6. 依檢查結果應採取改善措施之內容。

編者的話

　　營造工程之施工架、施工構台、模板支撐架，每當惡劣氣候襲擊後及每次停工之復工前，亦應實施檢查。

二、重點檢查

　　為保障勞工之工作安全，勞工作業使用之機械、設備應於初次使用前或於開始使用、拆卸、改裝或修理時，應實施重點檢查，以維持其應有之性能。所實施之重點檢查應予記錄，記錄事項與定期檢查相同，並將紀錄保存 3 年。

三、作業檢點

　　為保障勞工之工作安全，雇主應使勞工對作業使用之機械、設備或就其作業有關事項，於每日作業前、作業時、使用終了後或異常氣候後，實施作業檢點。所實施之作業檢點，其檢點對象、內容應依實際需要訂定，並以檢點手冊或檢點表等為之。

2.4.2 危害防護措施

　　勞工執行職務時，應事先辨識危害及進行風險評估，使勞工確實知悉風險，並採取必要之預防措施，以降低危害、控制風險，確保勞工安全與健康。風險評估、風險控制之執行，應定期檢討其正確性並予更新，當製程、作業程序變更時，應在修改或引進新製程、作業方法、材料、設備前進行危害辨識及進行風險評估，並採取適當之預防措施。倘若事業單位以其事業招人承攬時，各項安全衛生管理事項及緊急應變事項，事業單位應使承攬人、再承攬人及其勞工充分知悉，並接受相關之教育訓練。

一、有害作業環境防護措施

1. 工作場所內發生有害氣體、蒸氣、粉塵時，應視其性質採取密閉設備、局部排氣裝置、整體換氣裝置或以其他方法導入新鮮空氣等適當措施，使其不超過作業環境空氣中有害物容許濃度標準的規定，如勞工有發生中毒之虞時，應停止作業並採取緊急措施。

2. 有害物空氣中濃度超過 8 小時日時量平均容許濃度、短時間時量平均容許濃度或最高容許濃度者，應改善作業方法、縮短工作時間或採取其他保護措施。

3. 有機溶劑、鉛、四烷基鉛、粉塵、特定化學物質等有害物工作場所，應設置通風設備，並使其有效運轉。

4. 應採取必要防護措施，防止含有有害物的廢氣、廢液、殘渣等廢棄物危害勞工。

5. 使用有害物從事作業前，應確認所使用物質之危害性，採取預防危害之必要措施。

6. 勞工在坑內、深井、沉箱、儲槽、隧道、船艙或其他自然換氣不充分的場所工作，應依缺氧症預防規則，採取必要措施；此等工作場所不得使用具有內燃機之機械，以免排出的廢氣危害勞工，但另設置有效的換氣設施者，不在此限。

7. 受生物病原體汙染的物品，應予以消毒、殺菌等適當處理，以避免勞工感染疾病。

8. 處理有害物，或勞工暴露於強烈噪音、振動、超音波及紅外線、紫外線、微波、雷射、射頻波等非游離輻射，或因生物病原體汙染等的有害作業場所，應去除該危害因素，採取使用代替物、改善作業方法或工程控制等有效之設施。

9. 非從事作業有關的人員，禁止進入下列有害作業環境工作場所，並應於明顯易見的處所標明：

   (1) 處置大量高熱物體，或顯著濕熱的場所。

   (2) 處置大量低溫物體，或顯著寒冷的場所。

▲圖 2.3　局限空間作業設置抽排風機

(3) 強烈微波、射頻波或雷射等非游離輻射的場所。

(4) 氧氣濃度未滿 18%的場所。

(5) 有害物超過容許濃度的場所。

(6) 處置特殊有害物的場所。

(7) 生物病原體顯著汙染的場所。

二、噪音危害防護措施

　　為避免噪音導致勞工聽力損失，應採取可行的工程控制、行政管理及防護具使用等防護措施，倘若工作場所，因機械設備所發生之聲音超過 90 分貝時，應採取下列工程控制及行政管理之危害防護措施：

1. 工程控制：

(1) 工作場所之傳動馬達、球磨機、空氣鑽等產生強烈噪音之機械，應予以適當隔離，並與一般工作場所分開為原則。

(2) 發生強烈振動及噪音之機械，應採消音、密閉、振動隔離，或使用緩衝阻尼、慣性塊、吸音材料等，以降低噪音之發生。

2. 行政管理：

(1) 減少勞工噪音暴露時間，使勞工噪音暴露工作日 8 小時日時量平均不超過表 2.2 所列之規定值，或相當之劑量值。

(2) 勞工工作日暴露於二種以上之連續性或間歇性音壓級之噪音時，其暴露劑量之計算方法為各種噪音音壓級之暴露時間除以各該噪音對應容許暴露時間之累計，其和大於 1 時，即屬超出容許暴露劑量。

(3) 測定勞工 8 小時日時量平均音壓級時，應將 80 分貝以上之噪音以增加 5 分貝降低容許暴露時間一半之方式納入計算。

▼ 表 2.2　噪音暴露時間

工作日容許暴露時間（小時）	噪音音壓級（分貝）
8	90
6	92
4	95
3	97
2	100
1	105
1/2	110
1/4	115

(4) 任何時間勞工不得暴露於尖峰值超過 140 分貝之衝擊性噪音，或
115 分貝之連續性噪音。

(5) 噪音超過 90 分貝之工作場所，應標示並公告噪音危害之預防事
項，使勞工周知。

(6) 對於勞工 8 小時日時量平均音壓級超過 85 分貝，或暴露劑量超
過 50%時，應使勞工戴用有效之耳塞、耳罩等防音防護具。

▲ 圖 2.4　台 9 線蘇花公路東澳隧道洞口設置防護罩降低噪音

三、振動危害防護措施

振動對勞工所產生的危害與振動頻率、振動方向、振動大小、振動延續時間等有關，勞工作業時所產生的振動可分為全身振動及局部振動，勞工作業有因振動產生危害時，應採取下列危害防護措施：

1. 應使勞工使用防振把手等防振設備。

2. 勞工每日振動暴露時間不超過表 2.3 規定的時間：

▼ 表 2.3　勞工每日振動暴露規定時間

每日容許暴露時間	水平及垂直各方向局部振動最大加速度值(m/s²)
4~8 小時	4
2~4 小時	6
1~2 小時	8
未滿 1 小時	12

習題

一、選擇題

( ) 1. 職業安全衛生管理單位應為事業單位內之 (1)一級單位 (2)二級單位 (3)附屬單位 (4)臨時編組單位。

( ) 2. 第一類事業勞工人數在 (1)100人 (2)200人 (3)300人 (4)400人 以上者應設置職業安全衛生管理單位。

( ) 3. 事業單位設置之職業安全衛生委員會應置委員 (1)5人 (2)7人 (3)11人 (4)15人 以上。

( ) 4. 勞工代表應占職業安全衛生委員會委員人數 (1)2/3 (2)1/2 (3)1/3 (4)1/4 以上。

( ) 5. 職業安全衛生委員會應每 (1)1個月 (2)3個月 (3)半年 (4)1年 至少開會一次。

( ) 6. 安全衛生管理人員因故未能執行職務時,雇主應即指定具備相關資格之適當代理人,其代理期間不得超過 (1)1個月 (2)2個月 (3)3個月 (4)6個月。

( ) 7. 曾任勞動檢查員,具有勞動檢查工作經驗滿幾年以上,即具備職業安全衛生管理員資格 (1)5年 (2)4年 (3)3年 (4)2年。

( ) 8. 營造業之事業單位對於橋樑、道路、隧道或輸配電等距離較長之工程,應於每10公里內增置 (1)職業安全衛生管理員1人 (2)營造業甲種職業安全衛生業務主管1人 (3)營造業乙種職業安全衛生業務主管1人 (4)營造業丙種職業安全衛生業務主管1人。

( ) 9. 事業單位勞工人數未滿幾人者,其應置之職業安全衛生業務主管,得由事業經營負責人或其代理人擔任 (1)10人 (2)20人 (3)30人 (4)40人。

（　）10. 營造業中之建築工程業為　(1)具顯著風險之第一類事業　(2)具中度風險之第二類事業　(3)具低度風險之第三類事業　(4)毫無風險之第四類事業。

（　）11. 餐旅業中之旅館業為　(1)具顯著風險之第一類事業　(2)具中度風險之第二類事業　(3)具低度風險之第三類事業　(4)毫無風險之第四類事業。

（　）12. 金融及保險業為　(1)具顯著風險之第一類事業　(2)具中度風險之第二類事業　(3)具低度風險之第三類事業　(4)毫無風險之第四類事業。

（　）13. 工作場所因機械設備所發生之聲音超過　(1)75分貝　(2)80分貝　(3)85分貝　(4)90分貝　時，即應採取工程控制或減少勞工噪音暴露時間。

（　）14. 勞工於任何時間不得暴露於尖峰值超過　(1)115分貝　(2)120分貝　(3)130分貝　(4)140分貝　之衝擊性噪音。

（　）15. 勞工於任何時間不得暴露尖於峰值超過　(1)115分貝　(2)120分貝　(3)130分貝　(4)140分貝　之連續性噪音。

（　）16. 自動檢查應由　(1)該作業之人員　(2)主管人員　(3)安全衛生管理人員　(4)雇主　為之。

（　）17. 定期檢查與重點檢查紀錄應保存　(1)3個月　(2)6個月　(3)1年　(4)3年。

二、問答題

1. 安全衛生管理組織包括哪些事業單位？

2. 哪些事業單位應設置勞工安全衛生管理單位？

3. 職業安全衛生委員會應由哪些人員組成？

4. 事業單位與承攬人、再承攬人分別僱用勞工共同作業時，為防止職業災害，原事業單位應採取哪些措施？

5. 安全衛生管理人員包括哪些人員，試說明之？

6. 職業安全管理師應具備何種資格？

7. 職業衛生管理師應具備何種資格？

8. 職業安全衛生管理員應具備何種資格？

9. 事業單位依危害風險之不同區分為哪三級？

10. 實施定期檢查與重點檢查應紀錄哪些事項？

MEMO

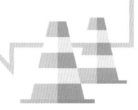

03
CHAPTER

安全衛生
設施

OCCUPATIONAL
SAFETY AND HEALTH

為防止職業災害，保障勞工安全與健康，對於勞工就業場所之通道、地板、階梯或通風、採光、照明、保溫、防濕、休息、避難、急救、醫療及其他為保護勞工安全及健康之設備應妥為規劃，並設置防止危害發生之安全衛生設備及採取必要之措施，所設置之安全衛生設備及措施，應依職業安全衛生法規及中央主管機關指定之國家標準、國際標準或團體標準之全部或部分內容規定辦理。

 工作場所及通路

3.1.1　工作場所

勞工工作場所之通道、地板、階梯、坡道、工作台或其他勞工踩踏場所，應保持不致使勞工跌倒、滑倒、踩傷、滾落等之安全狀態，或採取必要之預防措施。勞工工作場所之建築構造物及其附置物，應保持安全穩固，以防止崩塌等危害，且建築構造物之基礎及地面，應有足夠之強度，使用時不得超過其設計之荷重，以防止崩塌。此外，勞工於機械、器具或設備之操作、修理、調整及其他工作過程中，應有足夠之活動空間，不得因機械、器具或設備之原料或產品等之置放對勞工活動、避難、救難有不利因素，而勞工從事作業，有接觸機械、器具或設備之高溫熱表面引起灼燙傷之虞時，應設置警示標誌、適當之隔熱等必要之安全設施。

一、標誌設置

勞工工作場所有車輛出入、使用道路作業、鄰接道路作業或有導致交通事故之虞，應依下列規定設置適當交通號誌、標示或柵欄：

1. 交通號誌、標示應能使受警告者清晰獲知。

2. 交通號誌、標示或柵欄之控制處，須指定專人負責管理。

3. 新設道路或施工道路，應於通車前設置號誌、標示、柵欄、反光器、照明或燈具等設施。

4. 道路因受條件限制，永久裝置改為臨時裝置時，應於限制條件終止後即時恢復。

5. 使用於夜間之柵欄，應設有照明或反光片等設施。

6. 信號燈應樹立在道路之右側清晰明顯處。

7. 號誌、標示或柵欄之支架應有適當強度。

8. 設置號誌、標示或柵欄等設施，尚不足以警告防止交通事故時，應設置交通引導人員。

▲圖 3.1　台 9 線蘇花公路谷風隧道工程設置適當交通號誌

二、使用道路作業

　　勞工使用道路作業之工作場所，為防止車輛突入等引起之危害，應依下列規定辦理：

1. 從事挖掘公路施工作業，應依所在地直轄市、縣（市）政府審查同意之交通維持計畫，設置交通管制設施。

2. 作業人員應戴有反光帶之安全帽，及穿著顏色鮮明有反光帶之施工背心，以利辨識。

3. 與作業無關之車輛禁止停入作業場所，但作業中必須使用之待用車輛，其駕駛常駐作業場所者，不在此限。

4. 使用道路作業之工作場所，應於車流方向後面設置車輛出入口。但依周遭狀況設置有困難者，得於平行車流處設置車輛出入口，並置交通引導人員，使一般車輛優先通行，不得造成大眾通行之障礙。

5. 於勞工從事道路挖掘、施工、工程材料吊運作業、道路或路樹養護等作業時，應於適當處所設置交通引導人員。

▲圖 3.2　於觀音山隧道工程穿著有反光帶之施工背心

編者的話

　　交通引導人員如有被撞之虞時，應於該人員前方適當距離，另設置具有顏色鮮明施工背心、安全帽及指揮棒之電動旗手。

三、工作用階梯之設置

　　勞工工作場所之安全門及安全梯，於勞工工作期間內不得上鎖，其通道不得堆置物品。勞工工作用階梯之設置，應依下列之規定：

1. 如在原動機與鍋爐房中，或在機械四周通往工作台之工作用階梯，其寬度不得小於 56 公分。

2. 斜度不得大於 60 度。

3. 梯級面深度不得小於 15 公分。

4. 應有適當之扶手。

四、自設道路

　　勞工工作場所之自設道路，應依下列規定辦理：

1. 應能承受擬行駛車輛機械之荷重。

2. 危險性應設有標誌杆或防禦物。

3. 道路（包括橋樑及涵洞等）應定期檢查，如發現有危害車輛機械行駛之情況，應予消除。

4. 坡度須適當，不得有使擬行駛車輛機械滑下可能之斜度。

5. 應妥予設置行車安全設備並注意其保養。

3.1.2　通路

　　勞工工作場所出入口、樓梯、通道、安全門、安全梯等，應依規定設置適當之採光或照明，必要時並應視需要設置平常照明系統失效時使用之緊急照明系統。

一、通道之設置

　　勞工工作場所之人行道、車行道與鐵道，應儘量避免交叉，但設置天橋或地下道，或派專人看守，或設自動信號器者，不在此限。此外，勞工室內工作場所，應依下列規定設置足夠勞工使用之通道：

1. 應有適應其用途之寬度，其主要人行道不得小於 1 公尺。

2. 各機械間或其他設備間之通道寬度不得小於 80 公分。

3. 自路面起算 2 公尺高度之範圍內，不得有障礙物。但因工作之必要，經採防護措施者，不在此限。

4. 主要人行道及有關安全門、安全梯應有明顯標示。

5. 車輛通行道寬度應為最大車輛寬度之 2 倍再加 1 公尺，如係單行道則為最大車輛之寬度加 1 公尺，車輛通行道上，並禁止放置物品。

🦉 編者的話

　　勞工工作場所不經常使用之緊急避難用出口、通道或避難器具，應標示其目的，且維持隨時能應用之狀態，且所設置於出口或通道之門，應為外開式。

二、通道之架設

通道之架設於橫隔兩地之通行時，應設置扶手、踏板、階梯等適當之通行設備，但已置有安全側踏梯者，不在此限。通道或機械防護跨橋之架設應依下列規定：

1. 具有堅固之構造。

2. 傾斜應保持在 30 度以下，但設置樓梯者或其高度未滿 2 公尺且設置有扶手者，不在此限。

3. 傾斜超過 15 度以上者，應設置踏條或採取防止溜滑之措施。

4. 有墜落之虞之場所，應置備高度 75 公分以上之堅固扶手，在作業上認有必要時，得在必要之範圍內設置活動扶手。

5. 設置於豎坑內之通道，長度超過 15 公尺者，每隔 10 公尺內應設置平台一處。

6. 營建使用之高度超過 8 公尺以上之階梯，應於每隔 7 公尺內設置平台一處。

7. 通道路如用漏空格條製成，其縫間隙不得超過 3 公分，超過時應裝置鐵絲網防護。

🦉 編者的話

設置於坑內之通道或階梯，為防止捲揚裝置與勞工有接觸危險之虞，應於各該場所設置隔板或隔牆等防護措施。

三、固定梯之設置

通道設置之固定梯，應依下列規定：

1. 具有堅固之構造。

2. 應等間隔設置踏條。

3. 踏條與牆壁間應保持 16.5 公分以上之淨距。

4. 應有防止梯移位之措施。

5. 不得有妨礙工作人員通行之障礙物。

6. 平台如用漏空格條製成，其縫間隙不得超過 3 公分；超過時，應裝置鐵絲網防護。

7. 梯之頂端應突出板面 60 公分以上。

8. 梯長連續超過 6 公尺時，應每隔 9 公尺以下設一平台，並應於距梯底 2 公尺以上部分，設置護籠或其他保護裝置。但符合下列規定之一者，不在此限：
   (1) 未設置護籠或其他保護裝置，已於每隔 6 公尺以下設一平台者。
   (2) 塔、槽、煙囪及其他高位建築之固定梯已設置符合需要之安全帶、安全索、磨擦制動裝置、滑動附屬裝置及其他安全裝置，以防止勞工墜落者。

🦉 編者的話

平台之設置應有足夠長度及寬度，並應圍以適當之欄柵。

四、傾斜路之設置

通道以設置傾斜路代替樓梯時，應依下列規定：

1. 傾斜路之斜度不得大於 20 度。

2. 傾斜路之表面應以粗糙不滑之材料製造。

3. 具有堅固之構造。

4. 不得有防礙工作人員通行之障礙物。

5. 傾斜路連續超過 6 公尺時，應每隔 9 公尺以下設一平台。

3.2　機械設備及器具

3.2.1　起重升降機具

起重機具之作業應規定一定之運轉指揮信號，並指派專人負責辦理，且應於起重機具運轉時採取防止吊掛物通過人員上方及人員進入吊掛物下方之設備或措施。

一、超負荷防止

1. 各種起重機具，應標示最高負荷，並規定使用時不得超過此項限制。

2. 起重機具之吊鉤或吊具，為防止與吊架或捲揚胴接觸、碰撞，應有至少保持 25 公分距離之過捲預防裝置，如為直動式過捲預防裝置者，應保持 5 公分以上距離；並於鋼索上作顯著標示或設警報裝置，以防止過度捲揚所引起之損傷。

3. 升降機各樓出入口及搬器內，應明顯標示其積載荷重或乘載之最高人數，並規定使用時不得超過限制。

4. 起重升降機具所使用之吊掛構件，應使其具足夠強度，使用之吊鉤或鉤環及附屬零件，其斷裂荷重與所承受之最大荷重應有 4 倍以上之安全係數。

二、吊掛用具

1. 吊鏈或未設環結之鋼索，其兩端非設有吊鉤、鉤環、鏈環或編結環首、壓縮環首者，不能作為起重機具之吊掛用具。

2. 不得以下列任何一種情況之吊鏈作為起重升降機具之吊掛用具：
   (1) 延伸長度超過 5%以上者。
   (2) 斷面直徑減少 10%以上者。
   (3) 有龜裂者。

3. 不得以下列任何一種情況之鋼索作為起重升降機具之吊掛用具：
   (1) 鋼索一撚間有 10%以上素線截斷者。
   (2) 直徑減少達公稱直徑 7%以上者。
   (3) 有顯著變形或腐蝕者。
   (4) 已扭結者。

4. 不得使用下列任何一種情況之纖維索、帶，作為起重升降機具之吊掛用具：
   (1) 已斷一股子索者。
   (2) 有顯著之損傷或腐蝕者。

▲ 圖 3.3 鋼索一撚間有 10%以上素線截斷者不得使用

三、安全裝置

1. 起重機具之吊鉤或吊具,應有防止吊舉中所吊物體脫落之裝置。

2. 從事起重機具運轉作業時,為防止吊掛物掉落,應依下列規定辦理:
   (1) 吊掛物使用吊耳時,吊耳設置位置及數量,應能確保吊掛物之平衡。
   (2) 吊耳與吊掛物之結合方式,應能承受所吊物體之整體重量,使其不致脫落。
   (3) 使用吊索、吊繩、吊籃等吊掛用具或載具時,應有足夠強度。

3. 升降機之升降路各樓出入口,應裝置構造堅固平滑之門,並應有安全裝置,使升降搬器及升降路出入口之任一門開啟時,升降機不能開動,及升降機在開動中任一門開啟時,能停止上下。

4. 升降機之升降路各樓出入口門,應有連鎖裝置,使搬器地板與樓板相差 7.5 公分以上時,升降路出入口門不能開啟。

5. 升降機應設置終點極限開關、緊急剎車及其他安全裝置。

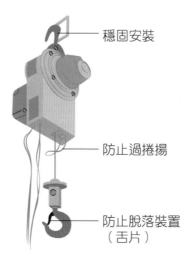

穩固安裝

防止過捲揚

防止脫落裝置
（舌片）

▲ 圖 3.4　起重吊掛器具、吊鉤應有防脫舌片

3.2.2　車輛機械

車輛機械係指能以動力驅動且自行活動於非特定場所之車輛、車輛系營建機械、堆高機等。

一、車輛系營建機械

車輛系營建機械包括：推土機、平土機、鏟土機、碎物積裝機、刮運機、鏟刮機等地面搬運、裝卸用營建機械；及動力鏟、牽引鏟、拖斗挖泥機、挖土斗、斗式掘削機、挖溝機等掘削用營建機械；及打樁機、拔樁機、鑽土機、轉鑽機、鑽孔機、地鑽、夯實機、混凝土泵送車等基礎工程用營建機械。

1. 車輛系營建機械，除乘坐席位外，於作業時不得搭載勞工，並禁止駕駛者以外人員進入操作半徑內或附近有危險之虞之場所，但另採安全措施者，不在此限。駕駛者離開其位置時，應將吊斗等作業裝置放置於地面，並將原動機熄火、制動，並安置煞車等，防止該機械滑走。

2. 用於作業場所之車輛系營建機械，應依下列規定辦理：
   (1) 其駕駛棚須有良好視線，適當之通風，容易上下車；如裝有擋風玻璃及窗戶者，其材料須由透明物質製造，並於破裂時，不致產生尖銳碎片，擋風玻璃上應置有由動力推動之雨刮器。
   (2) 應裝置前照燈具，但使用於已設置有作業安全所必要照明設備場所者，不在此限。
   (3) 應設置堅固頂蓬，以防止物體掉落之危害。

3. 車輛系營建機械如作業時有因該機械翻落、表土崩塌等危害勞工之虞者，應於事先調查該作業場所之地質、地形狀況等，適當決定下列事項或採必要措施，並告知作業勞工：
   (1) 所使用車輛系營建機械之種類及性能。
   (2) 車輛系營建機械之行徑路線。
   (3) 車輛系營建機械之作業方法。
   (4) 整理工作場所以預防該等機械之翻倒、翻落。

4. 車輛系營建機械之修理或附屬裝置之安裝、拆卸等作業時，應就該作業指定專人負責下列措施：
   (1) 決定作業順序並指揮作業。
   (2) 監視於機臂、突樑下作業之勞工所使用安全支柱、絞車等之狀況。

5. 運送車輛系營建機械時，採自行行駛或以牽引拖曳等方式，將車輛系營建機械裝卸於貨車，如使用道板、填土等方式裝卸於車輛，為防止該車輛系營建機械之翻倒、翻落等危害，應採取下列措施：
   (1) 裝卸時選擇於平坦堅固地點為之。
   (2) 使用道板時應使用具有足夠長度、寬度及強度之道板，且應穩固固定該道板於適當之斜度。

(3) 使用填土或臨時架台時，應確認具有足夠寬度、強度，並保持適當之斜度。

🦉 **編者的話**

倘若將車輛機械行駛於道路上時，應依交通安全法規規定辦理。

二、堆高機

1. 荷重在 1 公噸以上之堆高機，應指派經特殊安全衛生教育訓練人員操作。

2. 不得使勞工搭載於堆高機之貨叉所承載貨物之托板、撬板及其他乘坐席以外部分。但停止行駛之堆高機，已採取防止勞工墜落設備或措施者，不在此限。

3. 堆高機於駕駛者離開其位置時，應採將貨叉等放置於地面，並將原動機熄火、制動。

4. 堆高機非置備有後扶架者不得使用。但將桅桿後傾之際，雖有貨物之掉落亦不致危害勞工者，不在此限。

5. 堆高機之操作不得超過該機械所能承受之最大荷重，且其載運之貨物應保持穩固狀態，防止翻倒。

6. 於危險物存在場所使用堆高機時，應有必要之安全衛生設備、措施。

7. 使用堆高機之托板或撬板時，應依下列規定：
   (1) 具有充分能承受積載之貨物重量之強度。
   (2) 無顯著之損傷、變形或腐蝕者。

3.2.3　高壓設備及容器

　　高壓氣體係指一般壓縮氣體在常用溫度下，表壓力 10 kg/cm² 以上或溫度在 35°C 時之壓力可達 10 kg/cm² 以上。而壓縮乙炔氣在常用溫度下，壓力達 2 kg/cm² 以上或溫度在 15°C 時之壓力可達 2 kg/cm² 亦屬高壓氣體。至於液化氣體在常用溫度下，壓力達 2 kg/cm² 以上或溫度在 35°C 時之壓力可達 2 kg/cm² 屬高壓氣體，但液化氣體中之液化氰化氫、液化溴甲烷、液化環氧乙烷或其他經中央主管機關指定之液化氣體，溫度在 35°C 時，壓力超過 0 kg/cm² 以上即為高壓氣體。

一、容器之使用

1. 確知容器之用途無誤者，方得使用。

2. 高壓氣體容器應標明所裝氣體之品名，不得任意灌裝或轉裝。

3. 容器外表顏色，不得擅自變更或擦掉。

4. 容器使用時應加固定。

5. 容器搬動不得粗莽或使之衝擊。

6. 焊接時不得在容器上試焊。

7. 容器應妥善管理、整理。

二、容器之搬運

1. 溫度保持在 40°C 以下。

2. 場內移動儘量使用專用手推車等，務求安穩直立。

3. 以手移動容器時，應確知護蓋旋緊後，方可直立移動。

4. 容器吊起搬運不得直接用電磁鐵、吊鏈、繩子等直接吊運。

5. 容器裝車或卸車，應確知護蓋旋緊後才進行，卸車時必須使用緩衝板如輪胎等。

6. 儘量避免與其他氣體混載，非混載不可時，應將容器之頭尾反方向置放或隔置相當間隔。

7. 載運可燃性氣體時，要置備滅火器；載運毒性氣體，要置備吸收劑、中和劑、防毒面具等。

8. 盛裝容器之載運車輛，應有警戒標誌。

9. 運送中遇有漏氣，應檢查漏出部位，給予適當處理。

10. 搬運中發現溫度異常高升時，應立即灑水冷卻，必要時並應通知原製造廠協助處理。

🦉 編者的話

　　值得注意的是，高壓氣體容器不論是盛裝或空容器，均應依容器之使用及容器之搬運之規定辦理。

三、高壓氣體之貯存

1. 貯存場所應有適當之警戒標示，禁止煙火接近。

2. 貯存周圍 2 公尺內不得放置有煙火及著火性、引火性物品。

3. 盛裝容器和空容器應分區放置。

4. 可燃性氣體、有毒性氣體及氧氣之鋼瓶，應分開貯存。

5. 應安穩置放並加固定及裝妥護蓋。

6. 容器應保持在 40°C 以下。

7. 貯存處應考慮於緊急時便於搬出。

8. 通路面積應在貯存處面積 20%以上為原則。

9. 貯存處附近不得任意放置其他物品。

10. 貯存比空氣重之氣體，應注意低窪處之通風。

11. 高壓可燃性氣體之貯存，其電氣設備應採用防爆型，不得帶用防爆型攜帶式電筒以外之其他燈火，並應有適當之滅火機具。

四、毒性高壓氣體之貯存

1. 貯存處要置備吸收劑、中和劑及適用之防毒面罩或呼吸用防護具。

2. 具有腐蝕性之毒性氣體，應充分換氣，保持通風良好。

3. 不得在腐蝕化學藥品或煙囪附近貯藏。

4. 預防異物之混入。

五、毒性高壓氣體之使用

1. 非對該氣體有實地瞭解之人員，不准進入。

2. 工作場所空氣中之毒性氣體濃度不得超過容許濃度。

3. 工作場所應置備充分及適用之防護具。

4. 使用毒性氣體場所，應保持良好通風。

> ### 🦉 編者的話
>
> 對高壓氣體之廢棄，應防止火災爆炸或中毒之危害。

3.3 災害防止設施

3.3.1 機械災害之防止

為防止機械災害之發生，對於機械之設置，應事先妥為規劃，不得使其振動力超過廠房設計安全負荷能力；振動力過大之機械以置於樓下為原則。對於動力衝剪機械、手推刨床、木材加工用圓盤鋸、動力堆高機、研磨機、研磨輪、或其他經中央主管機關指定之機械器具，應有安全防護設備，其設置應依機械器具安全防護標準規定辦理。

一、安全裝置

1. 機械之原動機、轉軸、齒輪、帶輪、飛輪、傳動輪、傳動帶等有危害勞工之虞之部分，應有護罩、護圍、套胴、跨橋等設備，其轉軸、齒輪、帶輪、飛輪等之附屬固定具，應為埋頭型或設置護罩。

2. 傳動帶之接頭，不得使用突出之固定具，但裝有適當防護物，足以避免災害發生者，不在此限。

3. 應於每一具機械分別設置開關、離合器、移帶裝置等動力遮斷裝置，且動力遮斷裝置，應有易於操作且不因接觸、振動等或其他意外原因致使機械驟然開動之性能。

4. 機械如係切斷、引伸、壓縮、打穿、彎曲、扭絞等加工用機械者，應將動力遮斷裝置，置於從事作業之勞工無須離開其工作崗位即可操作之場所。

5. 使用動力運轉之機械，具有顯著危險者，應於適當位置設置有明顯標誌之緊急制動裝置，立即遮斷動力並與制動系統連動，能於緊急時快速停止機械之運轉。

6. 原動機或動力傳動裝置，應有防止於停止時因振動接觸，或其他意外原因驟然開動之裝置。

7. 具有顯著危險之原動機或動力傳動裝置，應於適當位置設置緊急制動裝置，立即遮斷動力並與剎車系統運動，於緊急時能立即停止原動機或動力傳動裝置之轉動。

8. 動力傳動裝置有定輪及遊輪者，應依下列規定設置適當之裝置：
   (1) 移帶裝置之把柄不得設於通道上。
   (2) 移帶裝置之把柄，其開關方向應一律向左或向右，並加標示。
   (3) 應有防止傳動帶自行移入定輪之裝置。

二、防護物

1. 傳動帶應依下列規定裝設防護物：
   (1) 離地 2 公尺以內之傳動帶或附近有勞工工作或通行而有接觸危險者，應裝置適當之圍柵或護網。
   (2) 幅寬 20 公分以上，速度每分鐘 550 公尺以上，兩軸間距離 3 公尺以上之架空傳動帶週邊下方，有勞工工作或通行之各段，應裝設堅固適當之圍柵或護網。
   (3) 穿過樓層之傳動帶，於穿過之洞口應設適當之圍柵或護網。

2. 動力傳動裝置之轉軸應依下列規定裝設防護物：

(1) 離地 2 公尺以內之轉軸或附近有勞工工作或通行而有接觸之危險者，應有適當之圍柵、掩蓋護網或套管。

(2) 因位置關係勞工於通行時必須跨越轉軸者，應於跨越部分裝置適當之跨橋或掩蓋。

三、作業規定

1. 動力傳動裝置之軸承，應有適當之潤滑，運轉中禁止注油。但有安全注油裝置者，不在此限。

2. 動力傳動裝置之未裝遊輪者，應裝置傳動帶上卸桿。

3. 傳動帶除應指定在不用時應掛於適當之支架外，並應規定不用時不得掛於動力傳動裝置之轉軸。

4. 機械開始運轉有危害勞工之虞者，應規定固定信號，並指定指揮人員負責指揮。

5. 加工物、切削工具、模具等因截斷、切削、鍛造或本身缺損，於加工時有飛散物致危害勞工之虞者，應於加工機械上設置護罩或護圍，但大尺寸工件等作業，應於適當位置設置護罩或護圍。

6. 鑽孔機、截角機等旋轉刃具作業，勞工手指有觸及虞者，應明確告知並標示勞工不得使用手套。

7. 機械之掃除、上油、檢查、修理或調整有導致危害勞工之虞者，應停止相關機械運轉及送料。為防止他人操作該機械之起動等裝置或誤送料，應採上鎖或設置標示等措施，並設置防止落下物導致危害勞工之安全設備與措施。機械停止運轉時，有彈簧等彈性元件、液

壓、氣壓或真空蓄能等殘壓引起之危險者，應採釋壓、關斷或阻隔等適當設備或措施。

8. 連續送料生產機組等機械之掃除、上油、檢查、修理或調整，其機械停止運轉部分單元停機有困難，且危險部分無法設置護罩或護圍者，應設置具有安全機能設計之裝置，或採取必要安全措施及書面確認作業方式之安全性，並指派現場主管在場監督。

9. 機械之掃除、上油、檢查、修理或調整必須在運轉狀態下施行時，應於危險之部分設置護罩、護圍等安全設施或使用不致危及勞工身體之足夠長度之作業用具。

3.3.2 爆炸、火災及腐蝕、洩漏之防止

對於易引起火災及爆炸危險之場所，不得設置有火花、電弧或用高溫成為發火源之虞之機械、器具或設備等，並標示嚴禁煙火及禁止無關人員進入，並規定勞工不得使用明火，且對於勞工吸菸、使用火爐或其他用火之場所，應設置預防火災所需之設備。

一、爆炸、火災之防止

1. 工作中遇停電有導致超壓、爆炸或火災等危險之虞者，應裝置足夠容量並能於緊急時供電之發電設備。

2. 有危險物或有油類、可燃性粉塵等其他危險物存在之虞之配管、儲槽、油桶等容器，從事熔接、熔斷或使用明火之作業或有發生火花之虞之作業，應事先清除該等物質，並確認無危險之虞。

3. 從事熔接、熔斷、金屬之加熱及其他須使用明火之作業或有發生火花之虞之作業時，不得以氧氣供為通風或換氣之用。

4. 有因靜電引起爆炸或火災之虞之下列設備，應採取接地、使用除電劑、加濕、使用不致成為發火源之虞之除電裝置或其他去除靜電之裝置：

(1) 灌注、卸收危險物於液槽車、儲槽、油桶等之設備。

(2) 收存危險物之液槽車、儲槽、油桶等設備。

(3) 塗敷含有易燃液體之塗料、黏接劑等之設備。

(4) 以乾燥設備中，從事加熱乾燥危險物或會生其他危險物之乾燥物及其附屬設備。

(5) 易燃粉狀固體輸送、篩分等之設備。

(6) 其他有因靜電引起爆炸、火災之虞之化學設備或其附屬設備。

5. 作業場所有易燃液體之蒸氣、可燃性氣體或爆燃性粉塵以外之可燃性粉塵滯留，而有爆炸、火災之虞者，應依危險特性採取通風、換氣、除塵等措施外，並依下列規定辦理：

(1) 指定專人對於蒸氣、氣體之濃度，於作業前測定之。

(2) 蒸氣或氣體之濃度達爆炸下限值之 30%以上時，應即刻使勞工退避至安全場所，並停止使用煙火及其他為點火源之虞之機具，並應加強通風。

(3) 使用之電氣機械、器具或設備，應具有適合於其設置場所危險區域劃分使用之防爆性能構造。

6. 有爆燃性粉塵存在，而有爆炸、火災之虞之場所，使用之電氣機械、器具或設備，應具有適合於其設置場所危險區域劃分使用之防爆性能構造。

二、腐蝕、洩漏之防止

1. 使用壓縮氣體為輸送腐蝕性液體之動力，從事輸送作業時，應使用空氣為壓縮氣體。但作業終了時，能將氣體立即排出者，或已採取

標示該氣體之存在等措施，勞工進入壓力輸送設備內部，不致發生缺氧、窒息等危險時，得使用二氧化碳或氮。

2. 使用軟管以動力從事輸送硫酸、硝酸、鹽酸、醋酸、甲酚、氯磺酸、氫氧化鈉溶液等對皮膚有腐蝕性之液體時，對該輸送設備，應依下列規定辦理：

   (1) 於操作該設備之人員易見之場所設置壓力表，及於其易於操作之位置安裝動力遮斷裝置。

   (2) 該軟管及連接用具應具耐腐蝕性、耐熱性及耐寒性。

   (3) 該軟管應經水壓試驗確定其安全耐壓力，並標示於該軟管，且使用時不得超過該壓力。

   (4) 為防止軟管內部承受異常壓力，應於輸壓設備安裝回流閥等超壓防止裝置。

   (5) 軟管與軟管或軟管與其他管線之接頭，應以連結用具確實連接。

   (6) 以表壓力 2 kg/cm^2 以上之壓力輸送時，連結用具應使用旋緊連接或以鈎式結合等方式，並具有不致脫落之構造。

   (7) 指定輸送操作人員操作輸送設備，並監視該設備及其儀表。

   (8) 該連結用具有損傷、鬆脫、腐蝕等缺陷，致腐蝕性液體有飛濺或漏洩之虞時，應即更換。

   (9) 輸送腐蝕性物質管線，應標示該物質之名稱、輸送方向及閥之開閉狀態。

3.3.3　人體墜落之防止

一、防止設施

　　高度 2 公尺以上之工作場所，勞工作業有墜落之虞者，應訂定墜落災害防止計畫，依下列風險控制之先後順序規劃，並採取適當墜落災害防止設施：

▲圖 3.5　全負式安全帶

1. 經由設計或工法之選擇，儘量使勞工於地面完成作業，減少高處作業項目。

2. 經由施工程序之變更，優先施作永久構造物之上下設備或防墜設施。

3. 設置護欄、護蓋。

4. 張掛安全網。

5. 使勞工佩掛安全帶。

6. 設置警示線系統。

7. 限制作業人員進入管制區。

8. 對於因開放邊線、組模作業、收尾作業等及採取第 1 至第 5 項規定之設施致增加其作業危險者，應訂定保護計畫並實施。

二、作業規定

1. 高度在 2 公尺以上之工作場所邊緣及開口部分，勞工有遭受墜落危險之虞者，應設有適當強度之圍欄、握把、覆蓋等防護措施。防護

措施顯有困難，或作業之需要臨時將圍欄等拆除，應採取使勞工使用安全帶等防止因墜落而致勞工遭受危險之措施。

2. 在高度 2 公尺以上之處所進行作業，勞工有墜落之虞者，應以架設施工架或其他方法設置工作台。設置工作台有困難時，應採取張掛安全網、使勞工使用安全帶等防止勞工因墜落而遭致危險之措施。使用安全帶時，應設置足夠強度之必要裝置或安全母索，供安全帶鉤掛。

3. 勞工於石綿板、鐵皮板、瓦、木板、茅草、塑膠等材料構築之屋頂從事作業時，為防止勞工踏穿墜落，應於屋架上設置適當強度，且寬度在 30 公分以上之踏板或裝設安全護網。

4. 勞工於高差超過 1.5 公尺以上之場所作業時，應設置能使勞工安全上下之設備。

5. 使用之移動梯應符合下列之規定：
   (1) 具有堅固之構造。
   (2) 其材質不得有顯著之損傷、腐蝕等現象。
   (3) 寬度應在 30 公分以上。
   (4) 應採取防止滑溜或其他防止轉動之必要措施。

6. 使用之合梯應符合下列規定：
   (1) 具有堅固之構造。
   (2) 其材質不得有顯著之損傷、腐蝕等。
   (3) 梯腳與地面之角度應在 75 度以內，且兩梯腳間有繫材扣牢。
   (4) 有安全之梯面。

7. 使用梯式施工架立木之梯子，應符合下列規定：

 (1) 具有適當之強度。

 (2) 置於座板或墊板之上，並視土壤之性質埋入地下至必要之深度，使每一梯子之二立木平穩落地，並將梯腳適當紮結。

 (3) 以一梯連接另一梯增加其長度時，該二梯至少應疊接 1.5 公尺以上，並紮結牢固。

▲圖 3.6　移動梯

▲圖 3.7　移動式施工架

3.3.4　物體飛落之防止

一、防護措施

1. 表土之崩塌或土石之崩落，有危害勞工之虞者，應依下列規定：

 (1) 應使表土保持安全之傾斜，對有飛落之虞之土石應予清除或設置堵牆、擋土支撐等。

 (2) 排除可能形成表土崩塌或土石飛落之雨水、地下水等。

2. 為防止坑內落磐、落石或側壁崩塌等對勞工之危害，應設置支撐或清除浮石等。

二、作業規定

1. 自高度在 3 公尺以上之場所投下物體有危害勞工之虞時，應設置適當之滑槽、承受設備，並指派監視人員。

2. 工作場所有物體飛落之虞者，應設置防止物體飛落之設備，並供給安全帽等防護具使勞工戴用。

3.3.5 電氣危害之防止

一、感電防止

1. 電氣機具的帶電部分勞工有感電之虞者，應設防止感電的護圍或絕緣被覆，但配電室、控制室、變電室或設於電桿、電塔等已隔離場所不在此限。

2. 連接於移動電線的攜帶型電燈，或連接於臨時配線、移動電線的架空懸垂電燈等，為防止觸及燈座帶電部分而引起感電、或燈泡破損而引起之危險，應設置合乎下列規定的護罩：
   (1) 燈座露出帶電部分，應為手指不易接觸的構造。
   (2) 應使用不易變形或破損的材料。

3. 使用對地電壓在 150 伏特以上移動式，或攜帶式電動機具，或於潮濕場所、金屬板或鋼架上用移動式或攜帶式電動機具，應設適合之防止感電用漏電斷路器。

4. 勞工於作業中或通行時，有接觸絕緣被覆配線，或移動電線，或電氣機具、設備之虞者，應有防止絕緣被破壞，或老化等致引起感電危害的設施。

5. 良導體機器設備內檢修工作所用之手提式照明燈，其使用電壓不得超過 24 伏特，導線須為耐磨損及有良好絕緣，並不得有接頭。

6. 勞工於良導體機器設備內之狹小空間或於鋼架等致有觸及高導電性接地物之虞之場所，作業時所使用交流電焊機，應有自動電擊防止裝置。但採自動式焊接者，不在此限。

7. 不得於通路上使用臨時配線或移動電線，但經妥為防護而車輛或其他物體通過該配線或移動電線時不致損傷其絕緣被覆者，不在此限。

二、電氣設備管理

1. 易產生非導電性及非燃燒性塵埃的工作場所，其電氣機械器具，應裝於具有防塵效果之箱內，或使用防塵型器具，以免積熱造成用電設備燒損。

2. 電路開路後，從事電路工作物的敷設、建造、檢查、修理、油漆等作業，應確認電路開路後於開關採上鎖、標示「禁止送電」、「停電作業中」或設監視人員，將電力電纜、電力電容器放電，確認已停電後，使用短路接地器具，確實短路並加接地，懸掛「停電作業區」標誌；有電部分則以紅帶或網加以圍繞，懸掛「有電危險區」標誌，以資警示。

3. 高壓或特高壓電路，非用於啟斷電流之空斷開關及分段開關，應設無負載指示燈、指示器或置連鎖裝置。

三、活線作業

1. 從事活線作業及活線接近作業，應於電路裝置絕緣用防護裝備，使用活線作業用器具，使勞工戴用絕緣用防護具。

2. 於特高壓電路或其支持物從事檢查、修理、清掃等作業，應使勞工使用活線作業用器具，並保持各充電電路使用電壓之接近界限距離。

3. 從事裝設、拆除或接近電路等之絕緣用防護裝備等，應使勞工戴用絕緣用防護具，或使用活線作業用器具。

4. 於架空電線，或電氣機具電路的接近場所作業，應於電路設置護圍，裝置絕緣用防護裝備，或採取移開該電路，顯有困難時應置監視人員。

四、用電管理

1. 裝有電力設備之工廠、供公眾使用之建築物及受電電壓屬高壓以上之用電場所，應依下列規定置專任電氣技術人員，或另委託用電設備檢驗維護業，負責維護與電業供電設備分界點以內一般及緊急電力設備之用電安全：

   (1) 低壓（600 伏特以下）供電且契約容量達 50 瓩以上之工廠或供公眾使用之建築物，應置初級電氣技術人員。

   (2) 高壓（超過 600~22,800 伏特）供電之用電場所，應置中級電氣技術人員。

   (3) 特高壓（超過 22,800 伏特）供電之用電場所，應置高級電氣技術人員。

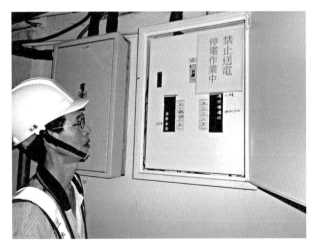

▲圖 3.8　停電作業指派專人在場監視

🦉 **編者的話**

　　專任電氣技術人員之資格，依專任電氣技術人員及用電設備檢驗維護業管理規則之規定辦理。

2. 高壓以上之停電作業、活線作業及活線接近作業，應將作業期間、作業內容、作業之電路及接近於此電路之其他電路系統，告知作業之勞工，並應指定監督人員負責指揮。

3. 發電室、變電室或受電室等場所應有適當之照明設備，以便於監視及確保操作之正確安全。

4. 裝有特高壓用器具及電線之配電盤前面，應設置供操作者用之絕緣台。

5. 對於配電盤後面如裝設有高壓器具或電線時，應設適當之通路。

6. 絕緣用防護裝備、防護具、活線作業用工具等，應每 6 個月檢驗其性能一次，工作人員應於每次使用前自行檢點，不合格者應予更換。

7. 開關操作棒須保持清潔、乾燥及高度絕緣。

3.4　防護具

　　職業災害的防止雖應藉由職業災害防止計畫，採取各項因應對策與實施自動檢查等措施，以避免職業災害的發生，但仍無法完全防止職業災害的發生，而個人防護具則擔負著災害發生時，將勞工受害程度降至最低的任務。因此，個人防護具是事故發生時勞工最後的安全防護，平時除可以作為勞工與作業環境上危害物質的隔離，在危害發生時更可以保障勞工的生命與安全，可以說是勞工的貼身保鏢。

3.4.1　防護具之功能

　　防護具的使用除應能防止勞工之災害危害外，並應能防止勞工之健康危害，也就是說防護具應兼具安全防護與健康防護之功能，因此防護具應具備下列之功能：

1. 職業災害的防止與預防。

2. 減少勞工與危害的接觸。

3. 防止職業病害及傳染病的擴散。

4. 防止工作上因危害因素的干擾而影響工作。

5. 促進勞工的健康與安全。

　　防護具除必須能將危害物質與事故加以阻斷外，應具備良好的作業性與容易使用，才能有效發揮防護具之功能，因此良好的防護具應具備下列條件：

1. 使用方法簡單且不會有束縛感，除具備防止災害之性能外，應不致影響勞工之生產能力。

2. 具備可充分防止勞工在作業過程中預期危害的性能。

3. 使用良好之材料品質，除不應讓使用勞工有接觸性皮膚傷害外，防護具的重量應愈輕愈好，且不可因作業環境而產生變質。

4. 容易著用且具充分的強度與耐久性，並具有良好的構造且易於整修。

5. 具備優美的外觀設計，以提高勞工的使用頻率，充分發揮防護具的功能。

3.4.2　防護具之使用

　　良好的防護具除應能將危害予以阻斷外，必須具備良好的工作性且易於使用，事業單位在使勞工使用防護具前，應教導勞工如何使用防護具。

一、使用規定

1. 供給勞工使用之個人防護具或防護器具，應依下列規定辦理：
   (1) 保持清潔並予必要之消毒。
   (2) 經常檢查保持其性能，不用時妥予保存。
   (3) 防護具或防護器具應準備足夠使用之數量，個人使用之防護具應置備與作業勞工人數相同或以上之數量，並以個人專用為原則。
   (4) 如對勞工有感染疾病之虞時，應置備個人專用防護器具，或作預防感染疾病之措施。

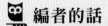
2. 搬運、置放、使用有刺角物、凸出物、腐蝕性物質、毒性物質或劇毒物質時，應置備適當之手套、圍裙、裹腿、安全鞋、安全帽、防護眼鏡、防毒口罩、安全面罩等並使勞工確實使用。

3. 作業中有物體飛落或飛散致危害勞工之虞時，應置備有適當之安全帽及其他防護。

4. 在高度 2 公尺以上之高處作業，勞工有墜落之虞者，應使勞工確實使用安全帶、安全帽及其他必要之防護具。但經採安全網等措施者，不在此限。

5. 從事地面下或隧道工程等作業，有物體飛落、有害物中毒、或缺氧危害之虞者，應使勞工確實使用安全帽，必要時應置備空氣呼吸器、氧氣呼吸器、防毒面具、防塵面具等防護器材。

6. 為防止勞工暴露於強烈噪音之工作場所，應置備耳塞、耳罩等防護具，並使勞工確實戴用。

7. 勞工以電焊、氣焊從事熔接、熔斷等作業時，應置備安全罩、防護眼鏡及防護手套等，並使勞工確實戴用。

8. 應依工作場所之危害性設置必要之職業災害搶救器材。

9. 從事電氣工作之勞工，應使其使用電工安全帽、絕緣防護具及其他必要之防護器具。

二、保管與保養

1. 防護具應置放於通風良好且不受日曬的場所。

2. 防護具應儘量遠離高溫物體，以避免材料變質。

3. 防護具不可與腐蝕性液體、有機溶劑、油脂類、酸性類物質一併儲放。

4. 防護具遭受汙穢時，應以清水洗濯乾淨，置放於陰涼場所乾燥後存放。

5. 防護具應保持清潔並予必要之消毒，經常檢查以保持其性能，不用時應予妥善保存。

3.4.3　防護具種類

防護具的種類包括：頭部防護具、耳部防護具、眼臉防護具、呼吸防護具、手部防護具、足部防護具、防護衣、安全帶等 8 大項。

一、頭部防護具

頭部防護具以安全帽為主，其主要功能為保護頭部免受外力的衝擊，由於使用場合的不同，頭部防護具可分為作業安全帽、車用安全帽、絕緣安全帽等三種。

1. 作業安全帽：作業安全帽之主要功能在保護物體飛落撞擊到頭部，或作業人員於廠房內走動或工作時，撞擊到硬物或尖銳物體，因此主要使用於營建工地或廠房內。

2. 車用安全帽：車用安全帽主要是保護作業者在上下班時間，騎乘機車於發生事故時，減緩對頭部之衝擊力，以保護其頭部。值得一提的是，依《勞工保險條例》之規定，勞工上下班時間，從日常居住處所往返就業場所之應經途中，發生事故而致之傷害視為職業傷害。

▲ 圖 3.9　絕緣安全帽

▲ 圖 3.10　矽膠耳塞

3. 絕緣安全帽：絕緣安全帽除具有防止異物撞擊頭部之保護功能外，並兼具有絕緣功能，以防止人體遭受感電。安全帽除應具備耐貫穿性及高度衝擊吸收性外，其重量要輕且易於穿戴，選購時應注意安全帽經檢驗合格。

二、耳部防護具

耳部防護具是減少或降低音量進入耳孔之中，防止作業者長期暴露於工業噪音環境下，造成重聽或聽覺障害。值得注意的是，耳部防護具雖然可以防止噪音的危害，但是在作業場所中可能因此而無法聽到他人說話的聲音，且無法得知機器操作不良的聲音，因此使用者對周遭環境與作業狀況應更加注意。耳部防護具依使用方法可分為耳塞及耳罩兩種。

1. 耳塞：耳塞為將防護具插入耳孔，以遮住外耳道的防音防護具，以塑膠形成者，使用時可以手指捏造成適當形狀插入耳孔中，而纖維狀者，使用者可揉成圓形塞入耳孔中。在強烈噪音場所，使用耳塞確可防止高噪音。

2. 耳罩：耳罩為將耳殼全部包覆的防音防護具，耳罩內部以起泡塑膠為吸音物質內襯。

三、眼臉防護具

眼臉防護具包括用以防止眼部傷害的防護目鏡及保護眼、面及頸部的防護面罩。由於眼睛是主要的視覺器官，因此工作時必須曝露在外界，也因為眼睛構造極為精密且薄弱，而容易受到傷害。

1. 防護目鏡的種類：

    (1) 防塵眼鏡。

    (2) 防止酸鹼液飛濺的護目鏡。

    (3) 防止強光及有害光線的防護鏡。

2. 防護目鏡應具備之性能：

    (1) 使用時不應有不舒適感，且戴著時不會太緊或太鬆。

    (2) 重量要輕，並以不妨礙視野為原則。

    (3) 對外來物應有足夠的強度抵抗。

    (4) 鏡片應不易脫落，且經過檢驗合格。

3. 防護面罩的種類：

    (1) 防塵用防護面罩。

    (2) 熔接用防護面罩。

4. 防護面罩應具備之性能：

    (1) 應有足夠的防護面積。

    (2) 應能經一定程度的輕度撞擊。

    (3) 可有效阻遮熱輻射及有害光線。

    (4) 鏡片、濾片、蓋片應經檢驗合格，
       並可更換。

▲ 圖 3.11　焊接用防護面具

四、呼吸防護具

　　作業場所的呼吸危害大略可分為粒狀物、氣態物與缺氧三類，針對不同的危害必須使用不同的呼吸防護具，因此確認呼吸危害種類是選購呼吸防護具的重要步驟。呼吸防護具有下列種類：

1. 淨氣式呼吸防護具。

2. 供氣式呼吸防護具。

3. 組合式呼吸防護具。

4. 防塵口罩。

5. 防毒口罩。

▲圖 3.12　呼吸防護具

6. 電動空氣濾清呼吸防護具。

7. 輸氣管面罩。

8. 空氣呼吸器。

五、手部防護具

　　從事任何作業時都必須使用手，所以手部受傷的機會也就相對增加，因此必須針對各種作業選擇適用的防護手套來防止手部的受傷。防護手套有下列種類：

1. 防止被刀片或尖銳物體割傷的手套。

2. 防止化學品或有害物質傷害的手套。

3. 有油的工作環境使用的塑膠浸製手套。

4. 弧焊使用的軟皮焊接手套。

▲圖 3.13　耐切割手套

六、足部防護具

　　足部防護具依不同的作業類別，而有不同防護型式的安全鞋，其分類如下：

1. 防壓安全鞋：防止重物墜落壓傷足部。

2. 防滑安全鞋：具有防滑及防止踏穿之功能。

3. 防酸鹼安全鞋：防止化學物品浸透傷害足部。

4. 耐熱安全鞋：防止高溫氣體或蒸氣對足部之傷害。

5. 靜電安全鞋：對地面漏電電阻在 10 歐姆以上者，應有防止帶電之性能。

七、防護衣

　　防護衣除應可防護身體外部的各種危害外，應具備使用者容易活動、耐寒、耐熱等性能，此外防護衣也須容易穿著與脫下，重量不可太重，以致影響使用者的作業能力而降低其使用意願，同時在設計上也應考慮美觀。防護衣的種類有：

▲ 圖 3.14　　化學防火防護衣

1. 防火防護衣。

2. 防電防護衣。

3. 防化學物質防護衣。

4. 高溫防護衣。

5. 防輻射防護衣。

八、安全帶

　　勞工於有落差的位置作業時就有墜落的可能，墜落災害可能引起極為嚴重的傷害，墜落災害雖可藉由裝置扶手、欄杆、護欄等加以防

止，但卻難以避免，因此有賴於安全帶的使用，作為防止墜落的最後一道防線。安全帶主要是由帶、帶扣、掛繩、D 型環、掛鉤等組成，至於特殊安全帶尚有墊帶、伸縮調節器、8 字環、角環等所組成。安全帶的種類型式依國家標準(CNS)之規定分為第一種、第二種及第三種等三種型式，其使用條件如下：

種　類	使　用　條　件	備　　註
第一種	U 字掛法專用	
第二種	直掛及 U 字掛法專用	
第三種	直掛及 U 字掛法專用	附補助鉤

習題

一、選擇題

(　)1. 工作用階梯其斜度不得大於　(1)45度　(2)50度　(3)60度　(4)70度。

(　)2. 工作場所主要人行道之寬度不得小於　(1)75公分　(2)1公尺　(3)1.5公尺　(4)2公尺。

(　)3. 工作場所車輛通行道寬度應為最大車輛寬度之二倍再加　(1)1公尺　(2)1.2公尺　(3)1.4公尺　(4)1.6公尺。

(　)4. 工作場所通路傾斜超過　(1)15度　(2)30度　(3)45度　(4)60度　應設置踏條或防止溜滑之措施。

(　)5. 豎坑內通道長度超過15公尺者，應每隔　(1)5公尺　(2)7公尺　(3)8公尺　(4)10公尺　內設置一處平台。

(　)6. 營建用階梯高度超過8公尺以上應每隔　(1)4公尺　(2)5公尺　(3)6公尺　(4)7公尺　內設置一處平台。

(　)7. 荷重在　(1)1公噸　(2)2公噸　(3)3公噸　(4)4公噸　以上之堆高機操作人員應接受特殊安全衛生教育訓練。

(　)8. 可燃性氣體之濃度達爆炸下限值　(1)20%　(2)30%　(3)40%　(4)50%　以上時，應即刻使勞工退避至安全場所。

(　)9. 高度在　(1)1公尺　(2)1.5公尺　(3)2公尺　(4)3公尺　以上之工作場所邊緣及開口應設置護欄或覆蓋。

(　)10. 高差超過　(1)1公尺　(2)1.2公尺　(3)1.5公尺　(4)2公尺　之作業場所應設置能使勞工安全上下之設備。

(　)11. 使用合梯其梯腳與地面之角度應在　(1)60度　(2)65度　(3)70度　(4)75度　以內。

（　）12. 以一梯連接另一梯增加其長度時，該二梯至少應疊接　(1)1公尺　(2)1.5公尺　(3)1.8公尺　(4)2公尺　以上並紮結牢固。

二、問答題

1. 工作用階梯應如何設置，試說明之。

2. 鋼索在何種情況下不得作為起重升降機具之吊掛用具？

3. 吊鏈在何種情況下不得作為起重升降機具之吊掛用具？

4. 對於易引起火災及爆炸危險之場所應如何處理，試說明之。

5. 高度 2 公尺以上之工作場所，勞工作業有墜落之虞者，應如何訂定墜落災害防止計畫，採取適當墜落災害防止設施？

6. 移動梯應符合那些規定，試說明之。

7. 合梯應符合那些規定，試說明之。

8. 防護具應具備哪些功能，試說明之。

9. 良好的防護具應具備哪些條件，試說明之。

10. 試說明防護具之種類。

04
CHAPTER

作業環境
管理

OCCUPATIONAL
SAFETY AND HEALTH

　　為保障作業勞工安全與健康，防止職業災害，雇主應防止作業環境可能引起之危害，對於經中央主管機關指定之作業場所，應依規定實施作業環境監測；對危險物及有害物應予標示，並註明必要之安全衛生注意事項。對於無法以充分且適當之自然通風，來維持內部清靜可呼吸性空氣之局限空間作業勞工與缺氧作業勞工，應施予必要之安全衛生教育訓練，並訂定危害防範計劃。

 ## 4.1 勞工作業環境

4.1.1　溫度及濕度

一、溫度控制

1. 顯著濕熱、寒冷之室內作業場所，對勞工健康有危害之虞者，應設置冷氣、暖氣或採取通風等適當空氣調節設施。

2. 室內作業場所設置有發散大量熱源之熔融爐、爐灶時，應將熱空氣直接排出戶外，或採取隔離、屏障、換氣或其他防止勞工熱危害之適當措施。

3. 已加熱之窯爐，非在適當冷卻後不得使勞工進入其內部從事作業。

4. 坑內之溫度應保持在 37°C 以下；溫度在 37°C 以上時，應使勞工停止作業。但已採取防止高溫危害人體之措施、從事救護或防止危害之搶救作業者，不在此限。

二、濕度控制

1. 作業上必須實施人工濕潤時，應使用清潔之水源噴霧，並避免噴霧器及其過濾裝置受細菌及其他化學物質之汙染。人工濕潤工作場所濕球溫度超過 27°C，或濕球與乾球溫度相差 1.4°C 以下時，應立即停止人工濕潤。

2. 中央空調系統採用噴霧處理時，噴霧器及其過濾裝置，應避免受細菌及其他化學物質之汙染。

4.1.2　通風及換氣

一、自然換氣

1. 勞工經常作業之室內作業場所，除設備及自地面算起高度超過 4 公尺以上之空間不計外，每一勞工原則上應有 10 立方公尺以上之空間。

▲ 圖 4.1　坑內設置適當之機械通風設備

2. 勞工經常作業之室內作業場所，其窗戶及其他開口部分等可直接與大氣相通之開口部分面積，應為地板面積之 1/20 以上。但設置具有充分換氣能力之機械通風設備者，不在此限。

3. 室內作業場所之氣溫在 10°C 以下換氣時，不得使勞工暴露於 1 m/sec 以上之氣流中。

二、機械通風

1. 坑內或儲槽內部作業，應設置適當之機械通風設備，但坑內作業場所以自然換氣能充分供應必要之空氣量者，不在此限。

2. 勞工工作場所應使空氣充分流通，必要時應以機械通風設備換氣調節新鮮空氣、溫度及降低有害物濃度，其換氣標準應依下列規定：

工作場所每一勞工所占空間(m³)	5.7 以下	5.7~14.2	14.2~28.3	28.3 以上
每分鐘每一勞工所需之新鮮空氣(m³)	0.6 以上	0.4 以上	0.3 以上	0.14 以上

4.1.3 採光及照明

一、工作場所之採光照明

1. 各工作場所須有充分之光線，但處理感光材料、坑內及其他特殊作業之工作場所不在此限。

2. 光線應分布均勻，明暗比並應適當。

3. 應避免光線之刺目、眩耀現象。

4. 各工作場所之窗面面積比率不得小於室內地面面積 1/10。

5. 採光以自然採光為原則，但必要時得使用窗簾或遮光物。

6. 燈盞裝置應採用玻璃燈罩及日光燈為原則，燈泡須完全包蔽於玻璃罩中。

7. 窗面及照明器具之透光部分，均須保持清潔。

二、照明設備維修

下列場所之照明設備，應保持其適當照明，遇有損壞應即修復：

1. 階梯、升降機及出入口。

2. 電氣機械器具操作部分。

3. 高壓電氣、配電盤處。

4. 高度 2 公尺以上之勞工作業場所。

5. 堆積或拆卸作業場所。

6. 修護鋼軌或行於軌道上之車輛更換，連接作業場所。

7. 其他易因光線不足引起勞工災害之場所。

三、人工照明

作業場所面積過大、夜間或氣候因素自然採光不足時，可用人工照明，並依下表規定予以補足：

場所或作業類別	照度	照明種類
室外走道及室外一般照明	20 米燭光以上	全面照明
走道、樓梯、倉庫、儲藏室堆置粗大物件處所	50 米燭光以上	全面照明
搬運粗大物件，如煤炭、泥土等	50 米燭光以上	全面照明
機械及鍋爐房、升降機、裝箱、粗細物件儲藏室、更衣室、盥洗室、廁所等	100 米燭光以上	全面照明

場所或作業類別	照度	照明種類
須粗辨物體如半完成之鋼鐵產品、配件組合、磨粉、粗紡棉布及其他初步整理之工業製造	100 米燭光以上	局部照明
須細辨物體如零件組合、粗車床工作、普通檢查及產品試驗、淺色紡織及皮革品、製罐、防腐、肉類包裝、木材處理等	200 米燭光以上	局部照明
須精辨物體如細車床、較詳細檢查及精密試驗、分別等級、織布、淺色毛織等	300 米燭光以上	局部照明
一般辦公場所	300 米燭光以上	全面照明
須極細辨物體，而有較佳之對襯，如精密組合、精細車床、精細檢查、玻璃磨光、精細木工、深色毛織等	500~1000 米燭光以上	局部照明
須極精辨物體而對襯不良，如極精細儀器組合、檢查、試驗、鐘錶珠寶之鑲製、菸葉分級、印刷品校對、深色織品、縫製等	1000 米燭光以上	局部照明

4.1.4　清潔與衛生設備

一、工作場所清潔

1. 勞工工作場所，應經常保持清潔，並防止鼠類、蚊蟲及其他病媒等對勞工健康之危害。

2. 勞工工作場所之地板、周圍牆壁、容器等有被生病原體汙染之虞者，應予適當消毒。

3. 受有害物或具有臭物汙染之場所，應予適當之清洗。

二、沖淋與盥洗設備

勞工從事其身體或衣著有被汙染之虞之特殊作業時，應置備該勞工洗眼、洗澡、漱口、更衣、洗濯等設備，並依下列規定設置沖淋與盥洗設備：

1. 刺激物、腐蝕性物質或毒性物質汙染之工作場所，每 15 人應設置一個冷熱水沖淋設備。

2. 刺激物、腐蝕性物質或毒性物質汙染之工作場所，每 5 人應設置一個冷熱水盥洗設備。

三、廁所及盥洗設備

工作場所應依下列規定設置廁所及盥洗設備，但坑內等特殊作業場所，置有適當數目之便器者，不在此限：

1. 男女廁所以分別設置為原則，並予以明顯標示。

2. 男用廁所之便坑數目，以同時作業男工每 25 人以內設置一個以上為原則，最少不得低於 60 人一個。

3. 男用廁所之便池數目，應以同時作業男工每 15 人以內設置一個以上為原則，最少不得低於 30 人一個。

4. 女用廁所之便坑數目，應以同時作業女工每 15 人以內設置一個以上為原則，最少不得低於 20 人一個。

5. 女用廁所應加設蓋桶。

6. 便坑應為不使汙染物浸透於土中之構造。

7. 應設置充分供應清潔水質之洗手設備。

8. 盥洗室內應備有適當之清潔劑，且不得盛放有機溶劑供勞工清潔皮膚。

9. 浴室應男女分別設置。

10. 廁所與便池不得與工作場所直接通連，廁所與廚房及食堂應距離 30 公尺以上，但衛生沖水式廁所不在此限。

11. 廁所與便池每日至少應清洗一次，並每週消毒一次。

12. 廁所應保持良好通風。

13. 如僱有殘障者，應設置殘障者專用設備，並予以適當標示。

四、飲用水

工作場所應依下列規定充分供應勞工所需之飲用水或其他飲料：

1. 飲水處所及盛水容器應保持清潔，盛器須予以加蓋，並應有不致於被有害物、汙水汙染等適當防止措施。

2. 不得設置共用之杯具。

3. 飲用水應符合飲用水水質衛生標準，其水源非自來水水源者，應定期檢驗合格。

4. 非作為飲用水之水源，如工業用水、消防用水等，必須有明顯標誌以資識別。

五、廚房及餐廳

1. 餐廳、廚房應隔離，並有充分之採光及照明，且易於清掃之構造。

2. 餐廳面積應以同時進餐之人數每人在 $1\ m^2$ 以上為原則。

3. 餐廳應設有供勞工使用之餐桌、座椅及其他設備。

4. 應保持清潔，門窗應裝紗網，並採用以三槽式洗滌暨餐具消毒設備及保存設備為原則。

5. 通風窗之面積不得少於總面積 12%。

6. 應設穩妥有蓋之垃圾容器及適當排水設備。

7. 應設有防止蒼蠅等害蟲、鼠類及家禽等侵入之設備。

8. 廚房之地板應採用不滲透性材料，且為易於排水及清洗之構造。

9. 汙水及廢棄物應置於廚房外並妥為予處理。

10. 廚房應設機械排氣裝置以排除煙氣及熱。

11. 工作人員不得由患肺結核、肝炎、性病、化膿性皮膚病或傷寒帶菌者等具傳染性疾病者擔任。

12. 工作人員應穿著清潔工作衣。

編者的話

　　具有顯著之濕熱、寒冷、多濕暨發散有害氣體、蒸氣、粉塵及其他有害勞工健康等之工作場所，應於各該工作場所外，設置供勞工休息、飲食等設備。但坑內等之特殊作業場所設置有困難時，不在此限。

4.1.5　安全衛生標示

　　作業場所中之具有危害性之化學品,應予標示、製備清單及揭示安全資料表,並採取必要之通識措施。標示之顏色,應依國家標準 CNS9328 安全用顏色通則之規定,其底色、外廓、文字及圖案之用色,應力求對照顯明,以利識別。

爆炸性物質　　　　　　著火性物質　　　　　　致癌物質
▲ 圖 4.2　安全衛生標示圖例

一、標示格式

1. 禁止標示(圓形):嚴格管制有發生危險之虞之行為,如禁止煙火、禁止攀越、禁止通行等。

2. 警告標示(尖端向上之正三角形):警告既存之危險或有害狀況,如高壓電、墜落、高熱、輻射等危險。

3. 注意標示(尖端向下之正三角形):提醒避免相對於人員行為而發生之危害,如當心地面、注意頭頂等。

4. 一般說明或提示(正方形或長方形):
   (1) 用途或處所之標示,如反應塔、鍋爐房、安全門、伐木區、急救箱、急救站、救護車、診所、消防栓、總務室等。

(2) 有一定順序之機具操作方法、儀表控制盤之說明、安全管理方法等之標示。

(3) 工作場所各種行動方向、管制信號意義等說明性質標示。

二、標示設置

1. 標示之設置分固定式及移動式，並應依下列規定設置之：

   (1) 大小及位置應力求醒目，安裝必須穩妥。

   (2) 材質應堅固耐久，所有尖角銳邊，應予適當處理，以免危險。

2. 標示應力求簡明，以文字及圖案並用為原則，文字應以中文為主，不得採用難於辨識之字體，文字書寫方式如下：

   (1) 直式者由上而下，由右而左。

   (2) 橫式者由左而右，但有箭號指示方向者文字依箭號方向。

3. 標示之顏色，應依照國家標準(CNS 9328 Z1024)安全用顏色通則使用之，其底色與外廓、文字或圖案之用色，應力求對照顯明，以便識別。

▲圖 4.3　作業場所中之危害性應予標示

4.2 作業環境監測

　　為掌握勞工作業環境實態及評估勞工暴露狀況，經中央主管機關指定之作業場所應依規定實施作業環境監測，應實施作業環境監測之作業場所包括：

1. 設置有中央管理方式空氣調節設備之建築物室內作業場所。

2. 坑內作業場所。

3. 顯著發生噪音之作業場所。

4. 經中央主管機關指定之下列作業場所：
   (1) 高溫作業場所。
   (2) 粉塵作業場所。
   (3) 鉛作業場所。
   (4) 四烷基鉛作業場所。
   (5) 有機溶劑作業場所。
   (6) 特定化學物質之作業場所。

4.2.1　監測之實施

　　依〈勞工作業環境監測實施辦法〉之規定，勞工作業環境監測包括化學性因子作業環境監測及物理性因子作業環境監測。作業環境監測之採樣、分析及儀器測量之方法，應參照中央主管機關公告之建議方法辦理。雇主、作業環境監測機構或工礦衛生技師實施化學性作業環境監測採得之樣本，應由認可實驗室作化驗分析。但中央主管機關規定以直讀式儀器測定者，不在此限。實施作業環境監測時，應由下列人員或機構辦理：

1. 僱用乙級以上之作業環境監測人員。

2. 委由執業之工礦衛生技師。

3. 委由經中央主管機關認可之作業環境監測機構。

🦉 編者的話

作業環境監測人員應親自執行作業環境監測業務。

一、自行辦理

1. 僱用作業環境監測人員實施作業環境監測前，應就作業環境危害特性及中央主管機關公告之相關指引，規劃採樣策略，並訂定含採樣策略之作業環境監測計畫確實執行，並依實際需要檢討更新。

2. 僱用勞工從事特別危害健康作業之人數在 100 人以上者，其作業環境監測計畫應由雇主或其委託辦理之作業環境監測機構或工礦衛生技師，於實施作業環境監測 15 日前，報請當地勞動檢查機構備查。

3. 實施作業環境監測時，應會同勞工安全衛生人員及工會或勞工代表實施，監測結果應記錄，並保存 3 年。

4. 監測紀錄中，屬特定化學物質之監測紀錄應保存 30 年；粉塵之監測紀錄應保存 10 年。

5. 勞工作業環境監測結果，雇主應於顯明易見之場所公告，並向工會或勞工代表說明。

二、委託辦理

1. 作業環境監測機構或工礦衛生技師接受事業單位委託辦理作業環境監測，其監測結果應依中央主管機關公告之網路申報系統及格式，於監測報告完成後 7 日內申報，並保存 3 年。

2. 作業環境監測機構或工礦衛生技師於執行作業環境監測 24 小時前，應將預定辦理作業環境監測之行程，依中央主管機關公告之網路申報系統辦理登錄。

3. 作業環境監測機構或工礦衛生技師應訂定作業環境監測之管理手冊，並依管理手冊記載執行業務，相關執行紀錄應保存 3 年。

4. 中央主管機關對認可之作業環境監測機構及工礦衛生技師之執行作業環境監測相關業務，得實施查核，並將查核結果分級公開之。查核結果，有應改善事項經通知限期改善者，作業環境監測機構及工礦衛生技師應於限期內完成改善並提出改善之書面報告。中央主管機關之查核得委託相關專業團體辦理。

🦉 編者的話

　　作業環境監測機構之甲級作業環境監測人員及工礦衛生技師執行作業環境監測業務者，應參加中央主管機關認可之各種勞工作業環境監測相關講習會、研討會或訓練，每年不得低於 12 小時。

三、監測期限

1. 設有中央管理方式空氣調節設備之建築物室內作業場所,應每 6 個月監測二氧化碳濃度一次以上。

2. 坑內作業場所為下列情形之一時,應每 6 個月監測粉塵、二氧化碳之濃度一次以上:
   (1) 礦場地下礦物之試掘、採掘場所。
   (2) 隧道掘削建設工程之場所。
   (3) 以上場所中已完工可通行之地下通道。

3. 勞工噪音暴露工作日8小時日時量平均音壓級在85分貝以上之作業場所,應每6個月監測噪音一次以上。

4. 下列之一之作業場所,其勞工工作日時量平均綜合溫度熱指數超過中央主管機關規定值時,應每 3 個月監測綜合溫度熱指數一次以上:
   (1) 於鍋爐房或鍋爐間從事工作之作業場所。
   (2) 灼熱鋼鐵或其他金屬塊壓軋及鍛造之作業場所。
   (3) 鑄造間處理熔融鋼鐵或其他金屬之作業場所。
   (4) 鋼鐵或其他金屬類物料加熱或熔煉之作業場所。
   (5) 處理搪瓷、玻璃、電石及熔爐高溫熔料之作業場所。
   (6) 蒸汽火車、輪船機房從事工作之作業場所。
   (7) 從事蒸汽操作、燒窯等之作業場所。

5. 粉塵危害預防標準所稱特定粉塵作業場所,應每 6 個月監測粉塵濃度一次以上。

6. 製造、處置或使用特定有機溶劑之作業場所,應每 6 個月監測其濃度一次以上。

7. 製造、處置或使用特定化學物質及砷之作業場所，應每 6 個月監測其濃度一次以上。

8. 接近煉焦爐或於其上方從事煉焦之場所，應每 6 個月監測溶於苯之煉焦爐生成物之濃度一次以上。

9. 鉛中毒預防規則所稱鉛作業之作業場所，應每年監測鉛濃度一次以上。

10. 四烷基鉛中毒預防規則所稱四烷基鉛作業之作業場所，應每年監測四烷基鉛濃度一次以上。

編者的話

勞工作業場所之作業條件改變時，應即實施作業環境監測。

4.2.2 監測人員、機構及實驗室

一、監測人員

1. 甲級化學性因子作業環境監測人員應具有下列資格之一：
   (1) 領有工礦衛生技師證書。
   (2) 領有化學性因子作業環境監測甲級技術士證照。
   (3) 領有中央主管機關發給作業環境監測服務人員證明並經講習。

2. 甲級物理性因子作業環境監測人員應具有下列資格之一：
   (1) 領有工礦衛生技師證書。

(2) 領有物理性因子作業環境監測甲級技術士證照。

(3) 領有中央主管機關發給作業環境監測服務人員證明並經講習。

3. 乙級化學性因子作業環境監測人員，應領有化學性因子作業環境監測乙級技術士證照。

4. 乙級物理性因子作業環境監測人員，應領有物理性因子作業環境監測乙級技術士證照。

二、監測機構

作業環境監測機構具備下列資格者，得向中央主管機關申請認可：

1. 必要之監測儀器設備。

2. 3 人以上甲級作業環境監測人員。

3. 經廢止認可後，2 年內未以同一名稱或於同一地址提出申請者。

三、實驗室

1. 實驗室應填具實驗室認可申請表及檢附認證機構認證合格之證明文件，向中央主管機關申請認可。

2. 實驗室認證應符合國家標準 CNS 17025 或國際標準 ISO/IEC 17025 及中央主管機關公告之實驗室認證規範。

3. 實驗室認可之化驗分析類別及有效期限，得與認證機構認證之類別及期限相同。實驗室化驗分析類別包括：

(1) 有機化合物分析。

(2) 無機化合物分析。

(3) 石綿等礦物性纖維分析。

(4) 游離二氧化矽等礦物性粉塵分析。

(5) 粉塵重量分析。

(6) 其他經中央主管機關指定者。

4. 中央主管機關對認可實驗室得實施查核並調閱相關文件。查核結果經中央主管機關通知限期改善者，認可實驗室應提出改善之書面報告並於限期內完成改善。

5. 認可實驗室接受事業單位委託分析，應依中央主管機關公告之網路申報系統及格式，於完成分析樣本報告並由實驗室主任或其代理人簽署之後 7 日內申報，並保存 3 年。認可實驗室辦理申報所需作業環境監測相關資料，事業單位應提供。

4.3 缺氧作業環境管理

當勞工作業場所之空氣中氧氣濃度未滿 18%即為缺氧狀態，對從事缺氧危險作業之勞工，應依勞工安全衛生教育訓練規則之規定施予必要之安全衛生教育訓練。

一、缺氧作業場所

1. 長期間未使用之水井、坑井、豎坑、隧道、沉箱或類似場所等之內部。

2. 貫通或鄰接下列地層之水井、坑井、豎坑、隧道、沉箱或類似場所等之內部：

   (1) 上層覆有不透水層之砂礫層中，無含水、無湧水或含水、湧水較少之部分。

   (2) 含有亞鐵鹽類或亞錳鹽類之地層。

(3) 含有甲烷、乙烷或丁烷之地層。

(4) 湧出或有湧出碳酸水之虞之地層。

(5) 腐泥層。

3. 供裝設電纜、瓦斯管或其他地下敷設物使用之暗渠、人孔或坑井之內部。

4. 滯留或曾滯留雨水、河水或湧水之槽、暗渠、人孔或坑井之內部。

5. 滯留、曾滯留、相當期間置放或曾置放海水之熱交換器、管、槽、暗渠、人孔、溝或坑井之內部。

6. 密閉相當期間之鋼製鍋爐、儲槽、反應槽、船艙等內壁易於氧化之設備之內部，但內壁為不鏽鋼製品或實施防鏽措施者，不在此限。

7. 置放煤、褐煤、硫化礦石、鋼材、鐵屑、原木片、木屑、乾性油、魚油或其他易吸收空氣中氧氣之物質等之儲槽、船艙、倉庫、地窖、貯煤器或其他儲存設備之內部。

8. 以含有乾性油之油漆塗敷天花板、地板、牆壁或儲具等，在油漆未乾前即予密閉之地下室、倉庫、儲槽、船艙或其他通風不充分之設備之內部。

9. 穀物或飼料之儲存、果蔬之燜熟、種子之發芽或蕈類之栽培等使用之倉庫、地窖、船艙或坑井之內部。

10. 置放或曾置放醬油、酒類、胚子、酵母或其他發酵物質之儲槽、地窖或其他釀造設備之內部。

11. 置放糞尿、腐泥、汙水、紙漿液或其他易腐化或分解之物質之儲槽、船艙、槽、管、暗渠、人孔、溝或坑井等之內部。

12. 使用乾冰從事冷凍、冷藏或水泥乳之脫鹼等之冷藏庫、冷凍庫、冷凍貨車、船艙或冷凍貨櫃之內部。

13. 置放或曾置放氦、氬、氮、氟氯烷、二氧化碳或其他惰性氣體之鍋爐、儲槽、反應槽、船艙或其他設備之內部。

14. 其他經中央主管機關指定之場所。

二、防護措施

1. 勞工從事缺氧危險作業時，於當日作業開始前、所有勞工離開作業場所後再次開始作業前及勞工身體或換氣裝置等有異常時，應確認該作業場所空氣中氧氣濃度、硫化氫等其他有害氣體濃度，確認結果應予記錄，並保存 3 年。

2. 勞工從事缺氧危險作業時，應置備測定空氣中氧氣濃度之必要測定儀器，並採取隨時可確認空氣中氧氣濃度、硫化氫等其他有害氣體濃度之措施。

3. 勞工從事缺氧危險作業時，應予適當換氣，以保持該作業場所空氣中氧氣濃度在 18%以上，但為防止爆炸、氧化或作業上有顯著困難致不能實施換氣者，不在此限。

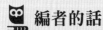

編者的話

勞工從事缺氧危險作業實施換氣時，要注意不得使用純氧。

4. 勞工從事缺氧危險作業時，應置備空氣呼吸器等呼吸防護具、梯子、安全帶或救生索等設備，供勞工緊急避難或救援人員使用。

5. 缺氧危險作業場所設置之救援人員，於其擔任救援作業期間，應提供並使其使用空氣呼吸器等呼吸防護具。

6. 勞工戴用輸氣管面罩之連續作業時間，每次不得超過 1 小時。

三、管理措施

1. 勞工於缺氧危險場所或其鄰接場所作業時，應將下列注意事項公告於作業場所入口顯而易見之處所，使作業勞工周知：

   (1) 有罹患缺氧症之虞之事項。

   (2) 進入該場所時應採取之措施。

   (3) 事故發生時之緊急措施及緊急聯絡方式。

   (4) 空氣呼吸器等呼吸防護具、安全帶等、測定儀器、換氣設備、聯絡設備等之保管場所。

   (5) 缺氧作業主管姓名。

🦉 編者的話

　　雇主應禁止非從事缺氧危險作業之勞工，擅自進入缺氧危險場所；並應將禁止規定公告於勞工顯而易見之處所。

2. 雇主使勞工從事缺氧危險作業時，對進出各該場所勞工，應予確認或點名登記。

3. 勞工從事缺氧危險作業時，應於每一班次指定缺氧作業主管從事下列監督事項：

    (1) 決定作業方法並指揮勞工作業。

    (2) 確認作業場所空氣中氧氣濃度、硫化氫等其他有害氣體濃度。

    (3) 當班作業前確認換氣裝置、測定儀器、空氣呼吸器等呼吸防護具、安全帶等及其他防止勞工罹患缺氧症之器具或設備之狀況，並採取必要指施。

    (4) 監督勞工對防護器具或設備之使用狀況。

    (5) 其他預防作業勞工罹患缺氧症之必要措施。

4. 勞工從事缺氧危險作業時，應指派 1 人以上之監視人員，隨時監視作業狀況，發覺有異常時，應即與缺氧作業主管及有關人員聯繫，並採取緊急措施。

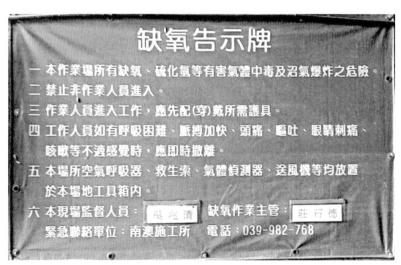

▲ 圖 4.4　缺氧告示牌

5. 從事缺氧危險作業之勞工，發生下列症狀時，應即由醫師診治：

   (1) 顏面蒼白或紅暈、脈搏及呼吸加快、呼吸困難、目眩或頭痛等缺氧症之初期症狀。

   (2) 意識不明、痙攣、呼吸停止或心臟停止跳動等缺氧症之末期症狀。

   (3) 硫化氫、一氧化碳等其他有害物中毒症狀。

4.4 局限空間作業環境管理

局限空間係指非供勞工在其內部從事經常性作業，勞工進出方法受限制，且無法以自然通風來維持充分、清淨空氣之空間。

4.4.1 危害防止

一、危害防止計畫

勞工於局限空間從事作業前，應先確認該局限空間內有無可能引起勞工缺氧、中毒、感電、塌陷、被夾、被捲及火災、爆炸等危害，如有危害之虞者，應訂定危害防止計畫，並使現場作業主管、監視人員、作業勞工及相關承攬人依循辦理。局限空間危害防止計畫應依作業可能引起之危害訂定下列事項：

1. 局限空間內危害之確認。

2. 局限空間內氧氣、危險物、有害物濃度之測定。

3. 通風換氣實施方式。

4. 電能、高溫、低溫與危害物質之隔離措施及缺氧、中毒、感電、塌陷、被夾、被捲等危害防止措施。

5. 作業方法及安全管制作法。

6. 進入作業許可程序。

7. 提供之測定儀器、通風換氣、防護與救援設備之檢點及維護方法。

8. 作業控制設施及作業安全檢點方法。

9. 緊急應變處置措施。

二、安全管理措施

1. 勞工於局限空間從事作業時,因空間廣大或連續性流動,可能有缺氧空氣、危害物質流入致危害勞工者,應採取連續確認氧氣、危害物質濃度之措施。

2. 勞工於有危害勞工之虞之局限空間從事作業前,雇主應指定專人檢點該作業場所,確認換氣裝置等設施無異常,該作業場所無缺氧及危害物質等造成勞工危害,檢點結果應予記錄,並保存 3 年。

3. 勞工進入局限空間從事焊接、切割、燃燒及加熱等動火作業時,除應依規定取得進入許可外,應指定專人確認無發生危害之虞,並由雇主、工作場所負責人或現場作業主管確認安全,簽署動火許可後,始得作業。

4.4.2　進入許可

　　勞工於有危害勞工之虞之局限空間從事作業時,其進入許可應由雇主、工作場所負責人或現場作業主管簽署後,始得使勞工進入作業,對勞工之進出,應予確認、點名登記,並作成紀錄保存 1 年。局限空間進入許可,應載明下列事項:

1. 作業場所。

2. 作業種類。

3. 作業時間及期限。

4. 作業場所氧氣、危害物質濃度測定結果及測定人員簽名。

5. 作業場所可能之危害。

6. 作業場所之能源或危害隔離措施。

7. 作業人員與外部連繫之設備及方法。

8. 準備之防護設備、救援設備及使用方法。

9. 其他維護作業人員之安全措施。

10. 許可進入之人員及其簽名。

11. 現場監視人員及其簽名。

▲ 圖 4.5　人員進場管制

4.4.3　公告與標示

　　局限空間作業場所應禁止與作業無關之人員進入，並將公告標示於顯而易見之處，勞工從事局限空間作業時，應將下列注意事項公告於作業場所入口顯而易見之處所，使作業勞工周知；於非作業期間，另採取上鎖或阻隔人員進入等管制措施：

1. 作業有可能引起缺氧等危害時，應經許可始得進入之重要性。

2. 進入該場所時應採取之措施。

3. 事故發生時之緊急措施及緊急聯絡方式。

4. 現場監視人員姓名。

5. 其他作業安全應注意事項。

▲圖 4.6　局限空間作業場所告示牌

習題

一、選擇題

( ) 1. 坑內溫度在 (1)37°C (2)40°C (3)42°C (4)45°C 以上時應使勞工停止作業。

( ) 2. 勞工經常作業之室內作業場所,每一勞工原則上應有 (1)8 (2)10 (3)12 (4)15 立方公尺以上之空間。

( ) 3. 一般辦公場所之採光應保持在 (1)50 (2)100 (3)200 (4)300 米燭光以上之照度。

( ) 4. 工作場所男用廁所之便池數目最少不得低於同時作業男工每 (1)15人 (2)20人 (3)30人 (4)60人 設置一個。

( ) 5. 工作場所女用廁所之便坑數目最少不得低於同時作業女工每 (1)15人 (2)20人 (3)30人 (4)60人 設置一個。

( ) 6. 禁止標示圖形為 (1)圓形 (2)尖端向上之正三角形 (3)尖端向下之正三角形 (4)矩形。

( ) 7. 警告標示圖形為 (1)圓形 (2)尖端向上之正三角形 (3)尖端向下之正三角形 (4)矩形。

( ) 8. 注意標示圖形為 (1)圓形 (2)尖端向上之正三角形 (3)尖端向下之正三角形 (4)矩形。

( ) 9. 設置中央管理方式空氣調節設備之建築物室內作業場所應每 (1)3個月 (2)6個月 (3)1年 (4)2年 監測二氧化碳濃度一次以上。

( ) 10. 勞工作業場所空氣中之氧氣濃度未滿 (1)15% (2)16% (3)18% (4)20% 即為缺氧狀態。

( ) 11. 勞工戴用輸氣管面罩之連續作業時間,每次不得超過 (1)1小時 (2)2小時 (3)3小時 (4)4小時。

（　　）12. 從事缺氧危險作業之勞工有顏面蒼白或紅暈、脈搏及呼吸加快、呼吸困難、目眩或頭痛時為缺氧症之　(1)初期症狀　(2)中期症狀　(3)末期症狀　(4)正常狀況。

二、問答題

1. 工作場所作業上必須實施人工濕潤時，在何種情況下應立即停止人工濕潤？

2. 試述工作場所女用廁所之便坑數目設置原則與最低數量。

3. 安全衛生標示有哪幾種格式，試說明之。

4. 應實施作業環境監測之作業場所包括哪些，試說明之。

5. 何謂「缺氧狀態」試說明之。

6. 勞工於缺氧危險場所或其鄰接場所作業時，應將哪些注意事項公告於作業場所入口顯而易見之處所，使作業勞工周知。

7. 何謂「局限空間」試說明之。

8. 勞工從事局限空間作業時，應將哪些注意事項公告於作業場所入口顯而易見之處所，使作業勞工周知。

05
CHAPTER

特殊作業
勞工保護

OCCUPATIONAL
SAFETY AND HEALTH

　　特殊作業係指對勞工有特殊危害之作業，包括重體力勞動作業、高溫作業、高架作業、精密作業、異常氣壓作業或其他對於勞工具有特殊危害之作業。對特殊作業勞工，雇主應規定減少勞工工作時間，在工作時間中予以適當之休息，並採取必要之保護措施。

5.1　重體力勞動作業保護

　　重體力勞動作業會造成職業性肌肉骨骼傷害，其成因從人體負荷面來看，一般是受到不當的外力與負荷所引起，包括操作時長時間靜態負荷與過度使用部位之肌肉骨骼群。一般抬舉重物對於腰椎會形成數倍甚至數十倍於物品重量之受力，因此為減少職業性肌肉骨骼傷害，應消除人工抬舉作業或減低人工抬舉時腰椎受力。在預防上，除應考慮勿過度用力外，還須教導勞工工作姿勢，並從工作之用力程度、工作時間管理、工作姿勢與工作頻率等方向著手。

一、重體力勞動作業

　　重體力勞動作業易造成肌肉骨骼傷害是一般人容易忽略的，儘管用力或許不大，然而身體長期維持固定姿勢支撐肢體重量，便足以構成不良的靜態負荷，或在某一肌群一次或多次不正確姿勢過度的用力，亦可能造成扭傷或拉傷等外傷。重體力勞動作業包括：

1. 以人力搬運或揹負重量 40 公斤以上物體之作業。

2. 以站立姿勢從事伐木作業。

3. 以手工具或動力手工具從事鑽岩、挖掘等作業。

▲ 圖 5.1　以動力手工具從事敲擊等作業發生墜落職災

4. 坑內人力搬運作業。

5. 從事薄板壓延加工，薄板重量在 20 公斤以上之人力搬運及壓延後之人力剝離作業。

6. 以 4.5 公斤以上之鎚及動力手工具從事敲擊等作業。

7. 站立以鏟或其他器皿盛 5 公斤以上物體做投入與出料或類似之作業。

8. 站立以金屬棒從事熔融金屬溶液之攪拌、除渣作業。

9. 站立以壓床或氣鎚從事 10 公斤以上物體之鍛造加工作業、且鍛造物必須以人力固定搬運者。

10. 鑄造時雙人以器皿裝盛熔液其總重量在 80 公斤以上或單人搯金屬熔液之澆鑄作業。

11. 以人力拌合混凝土之作業。

12. 以人工拉力達 40 公斤以上之纜索拉線作業。

13. 其他中央主管機關指定之作業。

二、保護措施

　　預防重體力勞動作業傷害最有效方法是工程改善，改變目前的作業內容與方式，選擇使用適當的手工具與機台操作介面，以及人員工作場所的重新設計，使作業對人員之體能、用力、姿勢等要求適當地低於人體的極限。在工程改善之外，可以利用管理方式減少人員暴露於肌肉骨骼傷害危險因子之機會，包括建立符合人因工程之標準作業規定與程序、制定工作休息時間表、工作輪調、多能工訓練、作業方法之教育訓練等。對重體力勞動作業勞工之保護措施包括：

1. 勞工從事重體力勞動作業時，應考慮勞工之體能負荷情形，減少工作時間給予充分休息，休息時間每小時不得少於 20 分鐘。

2. 勞工從事重體力勞動作業時，應充分供應飲用水及食鹽，並採取必要措施指導勞工避免重體力勞動之危害。

3. 勞工從事重體力勞動作業時，應致力於作業方法之改善、作業頻率之減低、搬運距離之縮短、搬運物體重量之減少及適當搬運速度之調整，並儘量以機械代替人力。

5.2　高溫作業保護

　　當體熱無法藉由人體正常的機制，適時將體熱排至體外，便會造成體熱積蓄於體內，此時若不利用其他方式排除體熱或減少體熱積蓄，則可能導致身體危害，也就是所謂的熱疾病。常見的熱疾病包括中暑、熱衰竭、熱痙攣及熱暈厥等，其中以熱中暑最危險，若不緊急作適當的處理會有死亡之虞。此外，熱疾病也可能造成意外事故發生率的增加，由此可見熱危害的嚴重性。

5.2.1 高溫作業

　　高溫作業係指勞工工作日，時量平均綜合溫度熱指數在輕工作達 30.6°C 以上；中度工作達 28.0°C 以上；重工作達 25.9°C 以上之作業，其中輕工作係指僅以坐姿或立姿進行手臂部動作以操縱機器者；中度工作係指於走動中提舉或推動一般重量物體者；重工作係指鏟、掘、推等全身運動之工作者。高溫作業之適用行業包括：

1. 鍋爐房或鍋爐間從事之作業。

2. 灼熱鋼鐵或其他金屬塊壓軋及鍛造之作業。

3. 於鑄造間處理熔融鋼鐵或其他金屬之作業。

4. 鋼鐵或其他金屬類物料加熱或熔煉之作業。

5. 處理搪瓷、玻璃、電石及熔爐高溫熔料之作業。

6. 於蒸氣火車、輪船機房從事之作業。

7. 從事蒸氣操作、燒窯等作業。

8. 其他經中央主管機關指定之高溫作業。

一、時量平均綜合溫度熱指數

時量平均綜合溫度熱指數＝（第 1 次綜合溫度熱指數×第 1 次工作時間＋第 2 次綜合溫度熱指數×第 2 次工作時間＋……＋第 n 次綜合溫度熱指數×第 n 次工作時間）÷（第 1 次工作時間＋第 2 次工作時間＋……＋第 n 次工作時間）

二、綜合溫度熱指數

1. 戶外有日曬情形者：綜合溫度熱指數＝0.7×（自然濕球溫度）＋0.2×（黑球溫度）＋0.1×（乾球溫度）

2. 戶內或戶外無日曬情形者：綜合溫度熱指數=0.7×（自然濕球溫度）+0.3×（黑球溫度）

🦉 編者的話

1. 自然濕球溫度：在普通水銀溫度計的水銀球包上一層濕布並急速揮動，造成 4.6m/sec 的風速，所測得的溫度為自然濕球溫度。
2. 黑球溫度：以直徑 15 公分表面塗黑的薄壁銅球製成，其中心點安置有測量溫度的裝置，以此溫度計所測得的溫度稱之為黑球溫度，也就是說黑球溫度與輻射熱有關。
3. 乾球溫度：以普通水銀溫度計所測得的溫度稱之為乾球溫度，並應避免輻射熱源直接照射，也就是說乾球溫度與輻射熱無關。

5.2.2 保護措施

　　由於熱作業場所大部分屬於傳統的產業，為保護勞工免於熱危害之威脅，在高溫場所工作之勞工，雇主不得使其每日工作時間超過 6 小時。雇主除可利用工作的輪替、製程的改善、提供勞工防護設備及飲水等方法外，勞工本身亦應虛心接受教育訓練，配合佩戴防護具及按時休息與飲水等方法來保護自己，如此才能將發生災害的機率降至最低。

一、分配作業及休息時間

　　高溫作業勞工如為連續暴露達 1 小時以上者，以每小時計算其暴露時量平均綜合溫度熱指數，間歇暴露者，以 2 小時計算其暴露時量平均綜合溫度熱指數值，並依下表規定，分配作業及休息時間：

每小時作息時間比例		連續作業	75%作業 25%休息	50%作業 50%休息	25%作業 75%休息
時量平均綜合溫度熱指數值°C	輕工作	30.6	31.4	32.2	33.0
	中度工作	28.0	29.4	31.1	32.6
	重工作	25.9	27.9	30.0	32.1

二、穿著熱防護設備

　　勞工於操作中須接近黑球溫度 50 度以上高溫灼熱物體者，雇主應供給身體熱防護設備，並使勞工確實使用。

三、加強通風設備

　　可利用整體換氣、局部供氣或利用電風扇增加空氣對流速度，以加速帶走人體或熱源之熱量，達到降低溫度的目的。

四、著用適當衣服

　　衣著的型式與材質的不同，對於體熱的散失與阻隔有不同的效果。以一般環境工作者而言，不論工作者從事輕工作或重體力工作負荷，其工作衣著若能選擇透氣、吸汗的材質，將增加散熱及減少熱蓄積；但對於熱作業而言，工作者往往因製程環境的需求必須穿著熱阻值較高的衣物，以防止熱量進入人體，但相對的，此時工作者的體熱

亦不容易排出體外，因此若不加注意或工作時間過長，則很容易造成熱蓄積或引發熱疾病。

五、逐步增加熱適應能力

　　人體本身便是一個動態的機制，不論是在生活上或工作上均能迅速適應所處之環境。理論上，人體可依靠生理機制之增強，以增加對熱環境之適應能力，這種強化適應能力的過程便稱之為「熱適應」。一般而言，工作者在熱適應過程中，應逐漸增加工作者在熱作業的工作量，對新僱勞工應給予一週之熱適應，即第一日高溫濕環境工作占全部工作時間之 20%，再逐日每日增加 20%，下表為熱適應建議時程：

實施對象	熱適應時程		
	工作負荷量(%)		總適應日數
	第一工作日工作量	次日累積加量	
未曾熱適應之勞工	20%	20%	5
曾經熱適應但連續休假超過一星期者	50%	20%	4
病假四日以上經醫師診斷同意復工者	50%	20%	4

六、補充適量水分

　　由於在熱環境中工作，容易造成工作者大量流失水分與電解質，因此應補充適量水分，必要時得添加食鹽，以減少熱疾病發生的機率，唯所補充之水分其水溫不宜太高或太低，約在 10~15°C 之間較為適宜，食鹽濃度約 0.1%。

七、排除不適熱環境工作者

由於人體排熱的機制是以循環系統為主，因此根據〈勞工健康保護規則〉規定，患有高血壓、心臟病、肝疾病、消化性潰瘍、內分泌失調、無汗症及腎疾病等症狀者，均不適宜從事熱環境作業，於勞工進入熱環境前，應先對工作者實施勞工特殊體格檢查，對不適宜從事熱環境工作者予以排除，以確保工作者之安全。

八、停止作業

人工濕潤工作場所濕球溫度超過 27°C 或濕球與乾球溫度相差達 1.4°C 以下時，應立即停止人工濕潤，或當坑內作業溫度在 37°C 以上時，應使勞工停止作業。

5.3 高架作業保護

我國每年因高架作業而死亡的勞工均超過 150 人以上，尤其發生於營造業，在高架作業之勞工多因墜落或滾落而造成職業災害。依行政院勞工委員會對近 10 年來職業傷害發生類型進行統計分析之報告顯示，墜落災害為全體重大（含死亡）職業傷害第一名，值得注意的是，墜落災害發生率又以營造業為首位。自民國 77 年以來至今，營造業之重大職業傷害嚴重率一直占全業之冠，而造成營造業高職業傷害嚴重率之主要原因即為墜落災害，其原因乃由於營造業作業期短、高處作業、多層承攬與勞工流動性等特性，相較於其他行業，無論在安全衛生管理、人員安全衛生習性、作業安全防護等各方面皆較其他行業來的複雜而難以控制，特別是在墜落安全防護方面，因高處作業施工時

必須不斷移動作業機具，其設施又大多為臨時性組構等因素，勞工稍有不慎即可能發生墜落死亡。

▲ 圖 5.2　橋樑工程多屬高架作業

5.3.1　高架作業

　　勞工從 1 公尺的高度墜落即可能遭受傷害，從 2 公尺的高度墜落即可能發生死亡災害，其主要原因乃因勞工在墜落時係專心於作業，因此來不及採取自我保護之防護措施。也就是說，墜落不同於人自高處跳下，因有採取自我防護措施，其傷害遠小於勞工於作業場所墜落時所產生之災害，而這也說明了人體在遭受撞擊時之脆弱性。研究顯示易發生墜落災害之處所，並非依處所之高度而增加其發生率，當人所處的作業處所其高度已超過人體所能承受的高度極限，作業者反會因恐懼而提高其注意力，作業時不會疏忽大意，並會主動要求做好安全防護措施，因而減少墜落災害發生率。高架作業包括：

1. 未設置平台、護欄等設備而已採取必要安全措施，其高度在 2 公尺以上者。

2. 已依規定設置平台、護欄等設備，並採取防止墜落之必要安全措施，其高度在 5 公尺以上者。

📖 編者的話

　　高度之計算方式：

1. 露天作業場所，自勞工站立位置半徑 3 公尺範圍內，最低點之地面或水面起至勞工立足點平面間之垂直距離。
2. 室內作業或儲槽等場所，自勞工站立位置與地板間之垂直距離。

一、有發生墜落之虞之情事

1. 於高差 2 公尺以上之工作場所邊緣及開口部分，未設置符合規定之護欄、護蓋、安全網或配掛安全帶之防墜設施。

2. 於高差 2 公尺以上之處所進行作業時，未使用高空工作車，或未以架設施工架等方法設置工作台；設置工作台有困難時，未採取張掛安全網或配掛安全帶之設施。

3. 於石綿板、鐵皮板、瓦、木板、茅草、塑膠等易踏穿材料構築之屋頂從事作業時，未於屋架上設置防止踏穿及寬度 30 公分以上之踏板、裝設安全網或配掛安全帶。

4. 於高差超過 1.5 公尺以上之場所作業，未設置符合規定之安全上下設備。

5. 高差超過 2 層樓或 7.5 公尺以上之鋼構建築，未張設安全網，且其下方未具有足夠淨空及工作面與安全網間具有障礙物。

二、易發生墜落之場所

1. 工作場所邊緣及開口部分。

2. 以施工架設置之工作台。

3. 鋼構組配時之鋼骨桁樑或屋頂支架。

4. 以石綿板、鐵皮板、木板、塑膠等材料構築之屋頂。

5. 斜面屋頂或屋頂邊緣。

6. 地板開口如電梯間、管道間。

7. 營建用提升機。

三、易發生墜落之作業

1. 大樓外牆清洗作業。

2. 大型機械設備上之吊裝或維修作業。

3. 移動梯或合梯上之作業。

4. 起重機具吊掛之作業吊籃。

5. 配管、電纜舖設、儲槽裝製等作業。

▲圖 5.3　合梯作業
易發生墜落災害

5.3.2　保護措施

　　為預防墜落災害之發生應從作業本質安全著手，也就是說盡量減少高處作業，並對高處作業場所設置完備之安全防護措施，以有效保護在高處作業之人員。其次是設置安全網以保護墜落者，並於明顯重要處所設置警告設施，以提醒作業人員注意作業環境並佩戴安全帶。最後管理單位應設置安全監控系統，以杜絕墜落災害之發生。

一、健康檢查與管理

勞工從事高架作業時，應依勞工健康保護規則之規定，實施勞工健康檢查及管理，其有下列情事之一者，不得使其從事高架作業：

1. 酒醉或有酒醉之虞者。

2. 身體虛弱，經醫師診斷認為身體狀況不良者。

3. 情緒不穩定，有安全顧慮者。

4. 勞工自覺不適從事工作者。

5. 其他經主管人員認定者。

二、給予適當休息

勞工從事高架作業時，應減少其工作時間，並於安全設施良好之地面或平台等處所給予適當之休息。依勞工高架作業高度之不同，其每連續作業 2 小時，應給予下列休息時間：

1. 高度在 2 公尺以上未滿 5 公尺者，至少有 20 分鐘休息。

2. 高度在 5 公尺以上未滿 20 公尺者，至少有 25 分鐘休息。

3 高度在 20 公尺以上者，至少有 35 分鐘休息。

三、實施安全衛生教育

墜落之發生大部分由勞工之不當行為所造成，因此必須澈底實施勞工安全衛生教育訓練，直到成為勞工之日常習慣為止。

四、注意事項

1. 於高處、開口部分或有墜落之虞之作業場所作業時，應確實佩戴安全帶，並遵守安全作業之程序。

2. 使用爬梯或合梯進行作業時，應注意其穩固性及是否有損壞，必要時主管或領班應另派人員給予下方固定並協助作業。

3. 對於高處作業場所設置之欄杆、護欄、上下設備等裝置不得破壞或使其失效，若發現損壞應立即停止作業並向主管或領班報告。

4. 高處作業應由安全之設備或階梯上下，嚴禁不安全之攀爬或跳躍動。

5.4　精密作業保護

　　作業人員長時間從事精密作業，又缺乏適當休息，眼睛難免會感到疲勞，包括眼睛模糊、閃爍不清、眼睛酸、乾澀及視力異常等現象；且由於長時間從事精密作業，操作人員往往採取不自然的姿勢工作，長久下來除可能造成斜視等現象，也容易引發局部性骨骼肌肉系統的傷害。

一、精密作業

　　精密作業係指雇主使勞工從事下列凝視作業，且每日凝視作業時間合計在 2 小時以上者：

1. 小型收發機用天線及信號耦合器等之線徑在 0.16 毫米以下非自動繞線機之線圈繞線。

2. 精密零件之切削、加工、量測、組合、檢試。

3. 鐘、錶、珠寶之鑲製、組合、修理。

4. 製圖、印刷之繪製及文字、圖案之校對。

5. 紡織之穿針。

6. 織物之瑕疵檢驗、縫製、刺繡。

7. 自動或半自動瓶裝藥品、飲料、酒類等之浮游物檢查。

8. 以放大鏡或顯微鏡從事記憶盤、半導體、積體電路元件、光纖等之檢驗、判片、製造、組合、熔接。

9. 電腦或電視影像顯示器之操作或檢視。

10. 以放大鏡或顯微鏡從事組織培養、微生物、細胞、礦物等之檢驗或判片。

11. 記憶盤製造過程中，從事磁蕊之穿線、檢試、修理。

12. 印刷電路板上以人工插件、焊接、檢視、修補。

13. 從事硬式磁碟片（鋁基板）拋光後之檢視。

14. 隱形眼鏡之拋光、切削鏡片後之檢視。

15. 蒸鍍鏡片等物品之檢視。

二、保護措施

　　從事精密作業勞工容易出現局部性骨骼肌肉系統的負擔，如眼睛、肩膀、手部與手腕、上臂及背部與頸部等的疲勞、酸痛、麻木或僵硬，有時還容易引起多種併發症，如關節炎、腱帶發炎等，分散式的休息可以減少視覺疲勞與局部骨骼肌肉傷害，因此在總休息時間相同的條件下，分散式者較佳。由於精密作業對勞工的眼睛負荷較高，

研究指出工作桌面高度設定在高於手肘高度約 5~10 公分時，可減少造成視覺負擔與局部骨骼肌肉傷害的發生。對從事精密作業勞工的保護措施包括：

1. 勞工從事精密作業時，應依作業實際需要施予適當之照明，其作業台面局部照明不得低於 1000 米燭光。

2. 勞工從事精密作業時，作業台面不得產生反射耀眼光線，其採色並應與處理物件有較佳對比之顏色。

3. 勞工從事精密作業，如採用發光背景時，應使光度均勻。

4. 勞工從事精密作業時，其工作台面照明與其半徑 1 公尺以內鄰接地區照明比率不得低於 1 比 1/5，與鄰近地區照明之比例不得低於 1 比 1/20。

5. 採用輔助局部照明時，應使勞工眼睛與光源之連線和眼睛與注視工作點之連線所成之角度，在 30 度以上。若在 30 度以內，應設置適當之遮光裝置，不得產生眩目之大面積光源。

6. 勞工從事精密作業時，應縮短工作時間，於連續作業 2 小時，給予作業勞工至少 15 分鐘之休息。

7. 勞工從事精密作業時，應注意勞工作業姿態，使其眼球與工作點之距離保持在明視距離約 30 公分，但使用放大鏡或顯微鏡等器具作業者，不在此限。

8. 應指導勞工保護眼睛之必要措施。

5.5　異常氣壓作業保護

　　我國異常氣壓作業危害事故以減壓症最多，約占九成以上，由於高壓狀態下，作業人員身體組織內溶解了大量的惰性氣體氮氣，若減壓途中未妥適減壓，容易形成氣泡存於身體組織中，阻礙循環或直接對細胞造成傷害，導致組織病變或臨床症狀，此稱為減壓症，亦稱潛水夫症。減壓症通常 90%於作業後 6 小時內發病，96%發病在作業後 24 小時之內發生，甚至 24 小時之後亦會發生。減壓症最常見的症狀是肌肉骨頭關節酸痛和全身無力，一有症狀應及早就醫尋求醫師的協助，進行高壓氧治療，若延誤治療可能發生異壓性骨壞死之後遺症。

5.5.1　異常氣壓作業

　　目前國內異常氣壓作業人員有：水下工程潛水勞工、潛水漁民、水井開鑿工人、海軍救難大隊及爆破大隊潛水人員、捷運或汙水下水道潛盾工程之壓氣工法作業勞工等。異常氣壓作業包括下列二種作業：

1. 高壓室內作業：為沉箱施工法或壓氣潛盾施工法及其他壓氣施工法中，於表壓力超過大氣壓之作業室或豎管內部實施之作業。

2. 潛水作業：為使用潛水器具之水肺或水面供氣設備等，於水深超過 10 公尺之水中實施之作業。

▲圖 5.4　捷運新店線採用壓氣潛盾施工人員於氣閘室內

一、高壓室內作業設施

1. 勞工於作業室內從事高壓室內作業時，其每一勞工占有之氣積應在 $4m^3$ 以上。

2. 勞工於氣閘室接受加、減壓時，其每一勞工占有之氣積應在 0.6 m^3 以上；底面積應在 0.3 m^2 以上。

3. 空氣壓縮機與作業室或與氣閘室之間，應設置空氣清淨裝置，以清淨輸往各該室之空氣。

4. 在作業室或氣閘室應設置專用之排氣管，其內徑應在 53mm 以下。

5. 應在氣閘室外設置可觀察室內之觀察孔或可掌握室內狀況之設施。

6. 勞工從事高壓室內作業時，應置備呼吸用防護具、繩索、緊急照明裝置及發生緊急狀況時可使勞工迅即避難或救出之必要用具。

▲ 圖 5.5 捷運新店線造成施工人員罹患潛水夫症

二、潛水作業設施

1. 勞工從事潛水作業而使用水面供氣時，應對每一從事潛水勞工分別
   設置可調節供氣之儲氣槽及緊急備用儲氣槽，但調節用氣槽符合備
   用氣槽之規定者，得免設備用氣槽。

2. 備用氣槽應符合下列規定：
   (1) 槽內空氣壓力應經常維持在最深潛水深度時壓力之 1.5 倍以上。
   (2) 槽之內容積應大於下列計算所得之值：

$$V = \frac{(0.03D + 4) \times 60}{P}$$

其中

V：槽之內容積（單位：公升）

D：最深潛水深度（單位：公尺）

P：槽內空氣壓力（單位：公斤／平方公分）

▲ 圖 5.6　基隆港東防波堤延伸工程勞工從事潛水作業

3. 勞工從事潛水作業而使用水面供氣時，應設置空氣清淨裝置及計測供氣量之流量計及壓力表。

5.5.2 保護措施

一、高壓室內作業保護措施

1. 應於每一高壓室內置高壓室內作業主管，從事下列事項：
   (1) 勞工之配置及直接指揮作業。
   (2) 檢點二氧化碳、一氧化碳、甲烷、硫化氫及其他具有危險或有害氣體濃度之儀器。
   (3) 清點進出作業室之作業勞工。
   (4) 與操作作業室輸氣調節用閥或旋塞之勞工密切連繫，維持作業室內之壓力於適當狀態。
   (5) 與操作氣閘室輸、排氣調節用閥或旋塞之勞工密切連繫，使接受加、減壓之勞工所受加、減壓速率及加、減壓時間符合異常氣壓危害預防標準之規定。
   (6) 作業室內勞工發生健康異常時，能即採取緊急措施。

2. 應嚴禁與工作無關人員擅進作業室及氣閘室，並將有關禁止事項揭示於沉箱、壓氣潛盾等之外面顯明易見之處所。

3. 在氣閘室對高壓室內作業實施加壓時，其加壓速率每分鐘應維持在 $0.8kg/cm^2$ 以下。

4. 對當日從事高壓室內作業終了之勞工，為減少其體內氮氣殘留，應於最後一次減壓終了時起算，連續給予「終工壓減時間」，且在此時間內不得使其從事重體力作業。

5. 為防止二氧化碳危害高壓室內作業勞工，應在作業室及氣閘室採取換氣及其他必要措施，以抑制二氧化碳之分壓，使其不超過一大氣壓下之濃度為 5,000ppm。

6. 為防止作業室內之危險或有害氣體危害高壓室內作業勞工，應採取換氣、測定氣體濃度及其他必要措施。

7. 在氣閘室為高壓室內作業實施減壓時，減壓速率每分鐘應維持在 $0.8kg/cm^2$ 以下。

8. 因緊急事故必須使高壓室內作業勞工避難或救出時，在必要限度內得增加減壓速率或縮短停止減壓時間。且應於勞工避難或救出後，迅即將該勞工送入再壓室或氣閘室，加壓至原高壓室內作業相等之壓力。

9. 在氣閘室為高壓室內作業實施減壓時，應採取下列必要措施：
   (1) 氣閘室底面之照明應在 20 米燭光以上。
   (2) 氣閘室溫度在攝氏 10 度以下時，應供給毛毯或其他適當保暖用具。
   (3) 減壓時間在 1 小時以上者，應供給椅子或其他休憩用具。
   (4) 應在事前將當次減壓時間告知該勞工。

10. 實施高壓室內作業前，應將超過大氣壓下可著燃物質之燃燒危險性告知勞工外，並就該沉箱、壓氣潛盾等採取下列必要措施：
   (1) 應使用置有護罩之安全電燈或使用不因燈泡之破裂而著燃之電燈。
   (2) 應使用不發生火花或電弧之電路開關。
   (3) 應使用不因高溫而有引火之虞之暖氣設備。

(4) 應嚴禁煙火，並禁止任何人攜帶火柴、打火機等產生火源之物品進入，並將有關禁止事項揭示於氣閘室外顯明易見之處所。

(5) 不得在作業室內從事熔接、熔斷或使用煙火、電弧作業。

二、潛水作業保護措施

1. 實施潛水作業所僱用之勞工，應選任符合下列規定之一者擔任：
   (1) 持有依法設立之訓練項目載有職業潛水職類之職業訓練機構，依中央主管機關公告之課程、時數、設備及師資所辦理之職業訓練結訓證書。
   (2) 領有中央主管機關認可之各級潛水人員技術士證。
   (3) 於國外接受訓練，並領有相當職業潛水之執照，經報請中央主管機關認可。

2. 勞工從事潛水作業，作業現場應設置救援潛水員一名。該救援潛水員應於潛水作業全程穿著潛水裝備（水面供氣之頭盔及配重帶除外），待命下水。

3. 勞工從事潛水作業時，應置潛水作業主管，辦理下列事項：
   (1) 確認潛水作業安全衛生計畫。
   (2) 潛水作業安全衛生管理及現場技術指揮。
   (3) 確認潛水人員進出工作水域時與潛水作業主管之快速連繫方法。
   (4) 確認緊急時救起潛水人員之待命船隻、人員及後送程序。
   (5) 確認勞工置備之工作手冊中，記載各種訓練、醫療、投保、作業經歷、緊急連絡人等紀錄。
   (6) 於潛水作業前，實施潛水設備檢點，並就潛水人員資格、體能狀況及個人使用裝備等，實施作業檢點，相關紀錄應保存 5 年。

(7) 填具潛水日誌，記錄每位潛水人員作業情形、減壓時間及工作紀錄，資料保存 15 年。

4. 勞工從事潛水作業前，應備置必要之急救藥品及器材，並公告下列資料：

(1) 減壓艙所在地。

(2) 潛水病醫療機構及醫師。

(3) 海陸空運輸有關資訊。

(4) 國軍或其他急難救援單位。

5. 使用水面供氣設備供氣時，應於潛水深度壓力下，對每一潛水作業勞工每分鐘供給 60 公升以上。

6. 勞工從事潛水作業時，應供給下潛或上浮使用之安全索，並監督勞工確實使用，安全索應依減壓站之停留深度以木標或布條作記號。

7. 實施潛水作業所需之供氣不得使用純氧，供氣使用之氣體標準換算為一大氣壓力，應符合下列規定：

(1) 水氣低於 67ppm。

(2) 一氧化碳低於 10ppm。

(3) 二氧化碳低於 1,000ppm。

(4) 油霧低於每立方公尺 5 毫克。

8. 勞工使用水面供氣設備實施潛水作業時，應至少配置連絡員 1 名，潛水作業勞工超過 1 人者，每增加 2 人再增置連絡員 1 名，並從事下列事項：

(1) 與潛水作業勞工密切連繫，指導該勞工適當下潛或上浮。

(2) 與操作供氣設備之勞工密切連繫，供應潛水作業勞工所必要之空氣。

(3) 因供氣設備發生故障或其他異常致有危害潛水作業勞工之虞時，應立即與勞工連繫。

(4) 使用頭盔式潛水器實施潛水作業者，應確認該勞工正確著裝。

🦉 編者的話

　　根據勞動部「職業傷害通報系統」近年來之統計資料顯示，職業傷害異常氣壓疾病案例，即俗稱「潛水夫症」，通報最多的縣市依序為新北市、臺北市、澎湖縣、基隆市、桃園市，這可能與大臺北地區目前正進行捷運系統工程施工，採用壓氣潛盾施工法，及澎湖縣、基隆市採撈業盛行，勞工多因異常氣壓引起潛水夫症有關。

習題

EXERCISE

一、選擇題

( ) 1. 以人力搬運或揹負重量　(1)30公斤　(2)40公斤　(3)50公斤　(4)60公斤　以上物體之作業，即稱之為重體力勞動作業。

( ) 2. 以　(1)4.5公斤　(2)6公斤　(3)7.5公斤　(4)9公斤　以上之鎚及動力手工具從事敲擊之作業，即稱之為重體力勞動作業。

( ) 3. 勞工從事重體力勞動作業，休息時間每小時不得少於　(1)5分鐘　(2)10分鐘　(3)15分鐘　(4)20分鐘。

( ) 4. 勞工工作日時量平均綜合溫度熱指數，在輕工作達　(1)25.9°C　(2)28.0°C　(3)30.6°C　(4)32.4°C　以上即稱之為高溫作業。

( ) 5. 勞工工作日時量平均綜合溫度熱指數，在中度工作達　(1)25.9°C　(2)28.0°C　(3)30.6°C　(4)32.4°C　以上即稱之為高溫作業。

( ) 6. 勞工工作日時量平均綜合溫度熱指數，在重度工作達　(1)25.9°C　(2)28.0°C　(3)30.6°C　(4)32.4°C　以上，即稱之為高溫作業。

( ) 7. 在高溫場所工作之勞工，雇主不得使其每日工作時間超過　(1)5小時　(2)6小時　(3)7小時　(4)8小時。

( ) 8. 已依規定設置平台、護欄等設備並採取防止墜落之必要安全措施，其高度在　(1)2公尺　(2)3公尺　(3)4公尺　(4)5公尺　以上者即稱之為高架作業。

( ) 9. 勞工從事高架作業高度在2~5公尺者，每連續作業2小時應給予　(1)20分鐘　(2)25分鐘　(3)30分鐘　(4)35分鐘　之休息時間。

( ) 10. 勞工從事高架作業高度在5~20公尺者，每連續作業2小時應給予　(1)20分鐘　(2)25分鐘　(3)30分鐘　(4)35分鐘　之休息時間。

（　　）11. 勞工從事高架作業高度在20公尺以上者，每連續作業2小時應給予
(1)20分鐘　(2)25分鐘　(3)30分鐘　(4)35分鐘　之休息時間。

（　　）12. 勞工從事凝視作業每日合計在　(1)1小時　(2)2小時　(3)3小時
(4)4小時　以上者，即稱之為精密作業。

（　　）13. 勞工從事精密作業其作業台面局部照明不得低於　(1)600　(2)800
(3)1000　(4)1200　米燭光。

（　　）14. 勞工從事精密作業於連續作業2小時，應給予　(1)15分鐘　(2)20分
鐘　(3)25分鐘　(4)30分鐘　之休息時間。

（　　）15. 在氣閘室對高壓室內作業實施加壓時，其加壓速率應維持在每分鐘
(1)0.6　(2)0.8　(3)1.0　(4)1.2　kg/cm^{2}以下。

（　　）16. 在氣閘室對高壓室內作業實施減壓時，其減壓速率應維持在每分鐘
(1)0.6　(2)0.8　(3)1.0　(4)1.2　kg/cm^{2}以下。

二、問答題

1. 具有特殊危害之作業包括哪些作業，試說明之。

2. 何謂「高溫作業」試說明之。

3. 綜合溫度熱指數如何計算，試說明之。

4. 何謂「高架作業」試說明之。

5. 有發生墜落之虞之情事包括哪些，試說明之。

6. 勞工有哪些情形者不得從事高架作業？

7. 異常氣壓作業包括哪二種作業，試說明之。

8. 實施潛水作業所僱用之勞工應具備哪些資格，試說明之。

06
CHAPTER

勞工健康
管理

OCCUPATIONAL
SAFETY AND HEALTH

　　勞工健康管理實施之目的，乃在藉由僱用勞工時，施行體格檢查；對在職勞工應施行健康檢查，以掌握勞工之健康狀況，給予勞工適當之工作分配，體格檢查發現應僱勞工不適於從事某種工作，不得僱用其從事該項工作。健康檢查發現勞工有異常情形者，應由醫護人員提供其健康指導；其經醫師健康評估結果，不能適應原有工作者，應參採醫師之建議，變更其作業場所、更換工作或縮短工作時間，並採取健康管理措施。

6.1　健康管理計畫

　　要做好勞工健康管理，則必須訂定完善的「勞工健康管理計畫」，經由執行、檢討、評估、修正與稽核，以落實勞工健康管理計畫之功能，而勞工健康管理計畫之實施，則必結合醫護人員、安全衛生管理人員，各部門主管的分工合作，再加上事業單位全體員工的配合，才能達成具體成效。

6.1.1　計畫之擬訂

　　在訂定勞工健康管理計畫時，必須考量勞工安全衛生法令有關勞工健康管理之相關規定，配合事業單位內勞工之作業情形及事業單位之人力、財力等，才能訂定出一個合理、可行、完善的勞工健康管理計畫。

一、確認勞工人數與年齡分布

　　首先應先確認事業單位內勞工之總人數，事業單位若採輪班制者，亦應確認每班次之作業勞工人數。另外對於擔任現職一年以上之勞工，應瞭解其年齡層的分布，以作為規劃勞工一般身體檢查之參考，勞工年齡層的分布可分為：

1. 未滿 40 歲者。

2. 40~65 歲者。

3. 65 歲以上者。

二、調查勞工種類與工作性質

　　〈勞工健康保護規則〉對不同作業之勞工，其體格與定期健康檢查之實施時程有不同的規定。另對從事特別危害健康作業之勞工，亦應實施特殊健康檢查，對勞工種類與工作性質之分類可分為：

1. 一般作業勞工。

2. 特別危害健康作業勞工。

3. 需特殊保護勞工，包括：童工、女工、妊娠中女工、產後未滿一年女工。

三、特別危害勞工健康作業

1. 高溫作業。

2. 噪音暴露工作日 8 小時日時量平均音壓級在 85 分貝以上之噪音作業。

3. 游離輻射作業。

4. 異常氣壓作業。

5. 鉛作業。

6. 四烷基鉛作業。

7. 粉塵作業。

8. 有機溶劑作業。

9. 製造、處置或使用特定化學物質或其重量比（苯為體積比）超過 1% 之混合物之作業。

10. 黃磷之製造、處置或使用作業。

11. 聯吡啶或巴拉刈之製造作業。

12. 其他經中央主管機關指定之作業：鎳及其化合物之製造、處置或使用作業（混合物以鎳所占重量超過 1%者為限）。

四、熟諳法令規定

職業安全衛生法令中有關勞工健康管理之相關規定，如勞工健康管理規則等，在訂定勞工健康管理計畫前，應予熟讀彙整並納入健康管理計畫中配合辦理，包括：

1. 事業單位內醫療衛生單位應辦理之事項。

2. 事業單位內醫療衛生單位應設置之醫療衛生設備。

3. 工作場所應備置之急救藥品及器材。

4. 事業單位應實施之一般體格檢查、一般健康檢查、特殊體格檢查、特殊健康檢查、健康追蹤檢查等。

5. 勞工健康計畫實施後之管理措施與分級管理。

五、選擇適當之醫療機構

事業單位自行設置之醫療衛生單位，如具備必要之檢驗設備及醫事人員，且報經當地勞工主管機關核定者，得辦理所屬勞工體格及健康檢查。若委託醫療機構辦理勞工健康檢查，應委託經中央勞動主管機關會商中央衛生主管機關認可之醫療機構之醫師為之，對所委託之醫療機構應注重其檢查品質，並避免經常變更檢查醫療機構，以維持健康檢查結果之可靠性與延續性，俾供安全衛生管理人員作為事業單位勞工健康管理採行措施之依據。

6.1.2　計畫之實施

一、宣示計畫目標

宣示勞工健康管理計畫目標，為事業單位闡明推行勞工健康管理的政策與決心，並經計畫目標宣示，全體勞工有配合勞工健康管理計畫執行之權利與義務。一般而言，實施勞工健康管理之目標包括：

1. 依健康檢查結果分配適當工作，避免危害勞工健康。

2. 偵測作業場所之危害因子，據以改善作業環境。

3. 養成勞工良好之安全衛生習慣，增進勞工健康。

4. 減少勞工因傷病而缺工，致事業單位生產力降低。

5. 建立勞工健康資料，藉以改善管理措施。

二、檢查結果之處理

1. 勞工健康檢查結果應告知受檢勞工，並依醫師之建議，適當分配勞工工作。

2. 分析比較健康異常勞工之疾病種類與比率，並請醫療機構或學者專家協助研判是否與職業有關，如係作業環境引起，應改善作業環境，如因勞工作業方式不當，應予以衛生指導。

3. 勞工經一般體格檢查、特殊體格檢查、一般健康檢查、特殊健康檢查或健康追蹤檢查後，應採取下列措施：

   (1) 參照醫師之建議，告知勞工並適當配置勞工於工作場所作業。

   (2) 將檢查結果發給受檢勞工。

   (3) 將受檢勞工之健康檢查紀錄彙整成健康檢查手冊。

🦉 編者的話

勞工體格及健康檢查紀錄之處理，應保障勞工隱私權。

三、推動衛生教育

　　安全衛生管理單位或人員可選擇適合事業單位之健康促進活動與衛生教育，以增進勞工健康。健康促進活動包括有氧運動、戒煙計畫及球類活動等，衛生教育則可採個別諮詢、演講或宣傳海報等。

6.2 勞工健康檢查

　　雇主於僱用勞工時，應施行體格檢查，對在職勞工應施行下列健康檢查：

1. 一般健康檢查。

2. 從事特別危害健康作業者之特殊健康檢查。

3. 經中央主管機關指定為特定對象及特定項目之健康檢查。

　　體格檢查與健康檢查應由中央主管機關會商中央衛生主管機關認可之醫療機構之醫師為之，檢查紀錄雇主應予保存，並負擔健康檢查費用。實施特殊健康檢查時，雇主應提供勞工作業內容及暴露情形等作業經歷資料予醫療機構。

🦉 編者的話

　　勞工對於體格檢查與健康檢查，有接受之義務。

一、一般體格檢查

　　雇主於僱用勞工時，應實施一般體格檢查，檢查紀錄至少保存 7 年。一般體格檢查係指僱用勞工時，為識別勞工工作適性，考量其是否有不適合作業之疾病所實施之健康檢查。一般體格檢查項目包括：

1. 作業經歷、既往病史、生活習慣及自覺症狀之調查。

2. 身高、體重、腰圍、視力、辨色力、聽力、血壓及身體各系統或部位之理學檢查。

3. 胸部 X 光（大片）攝影檢查。

4. 尿蛋白及尿潛血之檢查。

5. 血色素及白血球數檢查。

6. 血糖、血清丙胺酸轉胺酶(ALT 或稱 SGPT)、肌酸酐(creatinine)、膽固醇及三酸甘油酯、高密度脂蛋白膽固醇、低密度脂蛋白膽固醇（104.1.1 開始施行）之檢查。

7. 其他經中央主管機關指定之檢查。

🦉 編者的話

　　一般體格檢查未逾定期檢查期限，經勞工提出證明者得免實施一般體格檢查。

二、一般健康檢查

　　雇主對在職勞工應定期實施一般健康檢查，一般健康檢查係指依在職勞工之年齡層，於一定期間所實施之健康檢查。一般健康檢查項目與一般體格檢查項目相同，檢查紀錄應至少保存 7 年。

1. 年滿 65 歲以上者，每年檢查 1 次。

2. 年滿 40 歲未滿 65 歲者，每 3 年檢查 1 次。

3. 未滿 40 歲者，每 5 年檢查 1 次。

🦉 編者的話

　　實施一般體格檢查及一般健康檢查時，得於勞工同意下，一併進行口腔癌、大腸癌、女性子宮頸癌及女性乳癌之篩檢，其檢查結果不列入一般體格檢查及一般健康檢查紀錄表。

三、特殊體格檢查

　　勞工從事特別危害健康作業，應於其受僱或變更其作業時，實施各該特定項目之特殊體格檢查，檢查紀錄應至少保存 10 年。

四、特殊健康檢查

　　對於在職從事特別危害健康作業之勞工，應於定期檢查期限內實施特殊健康檢查，特殊健康檢查係指對從事特別危害健康之勞工，依其作業危害性，於一定期間所實施之特定項目健康檢查。特殊健康檢查項目與特殊體格檢查項目相同，勞工接受特殊健康檢查時，應提供最近一次之作業環境監測紀錄交予醫師，檢查紀錄應至少保存 10 年。

🦉 編者的話

　　特殊健康檢查對游離輻射、粉塵、三氯乙烯、四氯乙烯作業之勞工及聯苯胺及其鹽類、4-胺基聯苯及其鹽類、4-硝基聯苯及其鹽類、β-萘胺及其鹽類、二氯聯苯胺及其鹽類、α-萘胺及其鹽類、鈹及其化合物、氯乙烯、苯、鉻酸及其鹽類、砷及其化合物、鎳及其化合物等之製造、處置或使用及石綿之處置或使用作業之勞工，其紀錄應保存 30 年。

五、健康追蹤檢查

　　實施特殊健康檢查後，屬於第三級管理以上者，應請職業醫學科專科醫師實施健康追蹤檢查，健康追蹤檢查紀錄應至少保存 10 年。

6.3 健康管理措施

事業單位勞工人數在 50 人以上者，應僱用或特約醫護人員，辦理健康管理、職業病預防及健康促進等勞工健康保護事項。實施勞工特殊健康檢查及健康追蹤檢查，應填具勞工特殊健康檢查結果報告書，報請事業單位所在地之勞工及衛生主管機關備查，並副知當地勞動檢查機構。倘若離職勞工要求雇主提供健康檢查有關資料時，雇主不得拒絕，但超過保存期限者，不在此限。

一、分級管理

勞工從事特別危害健康作業時，應建立健康管理資料，並分級實施健康管理：

1. 第一級管理：特殊健康檢查或健康追蹤檢查結果，全部項目正常，或部分項目異常，而經醫師綜合判定為無異常者。

2. 第二級管理：特殊健康檢查或健康追蹤檢查結果，部分或全部項目異常，經醫師綜合判定為異常，而與工作無關者。

3. 第三級管理：特殊健康檢查或健康追蹤檢查結果，部分或全部項目異常，經醫師綜合判定為異常，而無法確定此異常與工作之相關性，應進一步請職業醫學科專科醫師評估者。

4. 第四級管理：特殊健康檢查或健康追蹤檢查結果，部分或全部項目異常，經醫師綜合判定為異常，且與工作有關者。

二、管理措施

1. 第二級管理以上者，應由醫師註明其不適宜從事之作業與其他應處理及注意事項；屬於第三級管理或第四級管理者，並應由醫師註明臨床診斷。

2. 第二級管理者，應提供勞工個人健康指導。

3. 第三級管理以上者，應請職業醫學科專科醫師實施健康追蹤檢查，必要時應實施疑似工作相關疾病之現場評估，且應依評估結果重新分級，並將分級結果及採行措施依中央主管機關公告之方式通報。

4. 第四級管理者，經醫師評估現場仍有工作危害因子之暴露者，應採取危害控制及相關管理措施。

5. 特別危害健康作業之管理、監督人員或相關人員及於各該場所從事其他作業之人員，有受健康危害之虞者，亦應實施特殊體格檢查及特殊健康檢查。但臨時性作業者，不在此限。

6.4　醫療衛生設施

　　事業單位應參照工作場所大小、分布、危險狀況及勞工人數，備置足夠急救藥品及器材，並置合格急救人員辦理急救事宜。所設置之藥品及器材，應置於適當之一定處所，適時定期檢查並保持清潔。對於被汙染或失效之藥品及器材，應予以更換及補充。

▲ 圖 6.1　事業單位設置之急救站

6.4.1　醫護人員臨廠服務

事業單位之同一工作場所，勞工總人數在 300 人以上或從事特別危害健康作業之勞工總人數在 100 人以上者，應視該場所之規模及性質，分別依表 6.1 與表 6.2 所定之人力配置及臨場服務頻率，僱用或特約從事勞工健康服務之醫師及僱用從事勞工健康服務之護理人員（以下簡稱醫護人員），辦理臨場健康服務。

▼ 表 6.1　從事勞工健康服務之醫師人力配置及臨場服務頻率表

事業性質分類	勞工總人數	人力配置或臨場服務頻率	備註
各類	特別危害健康作業 100 人以上	職業醫學科專科醫師：1 次／月	一、勞工總人數超過 6000 人者，每增勞工 1000 人，應依下列標準增加其從事勞工健康服務之醫師臨場服務頻率：
第一類	300~999 人	1 次／月	
	1000~1999 人	3 次／月	
	2000~2999 人	6 次／月	
	3000~3999 人	9 次／月	
	4000~4999 人	12 次／月	（一）第一類：3 次／月。
	5000~5999 人	15 次／月	（二）第二類：2 次／月。
	6000 人以上	專任職業醫學科專科醫師一人或 18 次／月	（三）第三類：1 次／月。
第二類	300~999 人	1 次／2 個月	二、每次臨場服務之時間，以至少 3 小時以上為原則。
	1000~1999 人	1 次／月	
	2000~2999 人	3 次／月	
	3000~3999 人	5 次／月	
	4000~4999 人	7 次／月	

▼ 表 6.1　從事勞工健康服務之醫師人力配置及臨場服務頻率表（續）

事業性質分類	勞工總人數	人力配置或臨場服務頻率	備註
第二類	5000~5999 人	9 次／月	
	6000 人以上	12 次／月	
第三類	300~999 人	1 次／3 個月	
	1000~1999 人	1 次／2 個月	
	2000~2999 人	1 次／月	
	3000~3999 人	2 次／月	
	4000~4999 人	3 次／月	
	5000~5999 人	4 次／月	
	6000 人以上	6 次／月	

▼ 表 6.2　從事勞工健康服務之護理人員人力配置表

勞工作業別及總人數		特別危害健康作業勞工總人數			備註
		0~99	100~299	300 以上	
勞工總人數	1~299		1 人		一、勞工總人數超過 6000 人以上者，每增加 6000 人，應增加護理人員至少 1 人。 二、事業單位設置護理人員數達 3 人以上者，得置護理主管一人。
	300~999	1 人	1 人	2 人	
	1000~2999	2 人	2 人	2 人	
	3000~5999	3 人	3 人	4 人	
	6000 以上	4 人	4 人	4 人	

一、臨廠服務事項

醫護人員臨廠服務應辦理下列事項：

1. 勞工體格（健康）檢查結果之分析與評估、健康管理及資料保存。

2. 協助雇主選配勞工從事適當之工作。

3. 辦理健康檢查結果異常者之追蹤管理及健康指導。

4. 辦理未滿 18 歲勞工、有母性健康危害之虞之勞工、職業傷病勞工與職業健康相關高風險勞工之評估及個案管理。

5. 職業衛生或職業健康之相關研究報告及傷害、疾病紀錄之保存。

6. 勞工之健康教育、衛生指導、身心健康保護、健康促進等措施之策劃及實施。

7. 工作相關傷病之預防、健康諮詢與急救及緊急處置。

8. 定期向雇主報告及勞工健康服務之建議。

9. 其他經中央主管機關指定公告者。

二、訪視現場事項

為辦理臨廠服務事項，醫護人員、勞工健康服務相關人員應會同職業安全衛生、人力資源管理及相關部門人員訪視現場，辦理下列事項：

1. 辨識與評估工作場所環境、作業及組織內部影響勞工身心健康之危害因子，並提出改善措施之建議。

2. 提出作業環境安全衛生設施改善規劃之建議。

3. 調查勞工健康情形與作業之關連性，並採取必要之預防及健康促進措施。

4. 提供復工勞工之職能評估、職務再設計或調整之諮詢及建議。

5. 其他經中央主管機關指定公告者。

6.4.2 醫療衛生管理

1. 雇主僱用或特約醫護人員，應依醫師法及護理人員法等相關醫事法規辦理，並應依中央主管機關公告之方式備查。

2. 事業單位應參照工作場所大小、分布、危險狀況及勞工人數，備置足夠急救藥品及器材，並置合格急救人員辦理急救事宜：

消毒紗布	消毒棉花	止血帶
膠布	三角巾	普通剪刀
無鉤鑷子	夾板	繃布
安全別針	優碘等必需藥品	

3. 急救人員不得有失能、耳聾、色盲、心臟病、兩眼裸視或矯正視力後均在 0.6 以下等體能及健康不良，足以妨礙急救事宜者。

4. 急救人員，每一輪班次應至少置 1 人、勞工人數超過 50 人者，每增加 50 人，應再置 1 人。急救人員因故未能執行職務時，雇主應即指定合格者，代理其職務。

6.5 急　救

　　急救就是當有作業勞工遭受意外傷害或突發疾病的時候，在送到醫院治療之前，施救者依醫學護理原則，利用現場適用物資，臨時及適當地處理傷病者，並給予傷患緊急性、臨時性的救護措施。

6.5.1　急救基本概念

一、急救的目的

1. 挽救生命。

2. 防止傷勢或病情惡化。

3. 促使其康復。

4. 及早送醫以增進治療效果。

二、基礎護理七步驟

1. 注意危險。

2. 觀察傷者的狀況。

3. 仔細看護受傷者，保持其呼吸道的暢通。

4. 控制大量出血。

5. 對傷者施行急救，甚至就地施救。

6. 安撫傷者。

7. 迅速確實地通知醫生或醫療單位，如有必要，另行通知警方或消防
   人員。

三、急救時應注意事項

1. 要確認傷患與自己均無安全顧慮：
   (1) 道路中發生車禍，先豎起路障標幟。
   (2) 遭觸電者立即切斷電源，或以木棒等移開電源，不可用手，以免
       自己亦觸電。

2. 非必要不移動傷者，但如在危險區，則應立即移至安全區。

3. 迅速檢視傷患，將傷患置於正確姿勢：
   (1) 頭部受傷者宜抬高頭部。
   (2) 下肢受傷或臉色蒼白者應抬高下肢。
   (3) 心臟病或氣喘病發病者宜採半坐臥姿勢。
   (4) 昏迷者應採側臥姿勢。

4. 評估傷患生命徵象：
   (1) 呼吸：正常人呼吸每分鐘 12~16 次。
   (2) 脈搏：正常大人每分鐘 60~80 下，正常小孩每分鐘 80~100 下，並評估脈搏之速率、強弱與規則性。
   (3) 血壓：正常大人收縮壓低於 140 毫米汞柱，舒張壓低於 90 毫米汞柱。
   (4) 體溫：依量測部位而定，如耳溫超過 37.5°C 則為發燒、低於 35°C 則為低體溫狀態。

5. 嚴重傷患給予優先急救，急救處理優先順序：
   (1) 無呼吸、心跳：立即給予心肺復甦術。
   (2) 大出血：立即控制出血。
   (3) 休克：迅速找出休克原因，抬高下肢 20~30 公分並給予保暖。
   (4) 胸部創傷。
   (5) 頭部外傷昏迷。
   (6) 嚴重灼傷。
   (7) 骨折。

6. 預防傷患者休克，並給予保暖。

7. 給予傷患者精神支持，減輕其恐懼與焦慮不安的心情。

8. 維持秩序，遣散閒人，並保持傷患者四週環境的安寧。

9. 儘速送醫或尋求支援，打 119 電話時應說明下列事項：

   (1) 清楚的地址與地點。

   (2) 明顯的地標。

   (3) 傷患的狀況。

   (4) 已做的處理。

10. 需移動傷患者之前，應將骨折部位予以固定，大創傷部位予以包紮。

11. 昏迷失去知覺及頭、胸、腹部嚴重受創者，不可給予食物或飲料。

12. 檢查傷患時如非必要不可脫除其衣服，以免翻動傷患而加重其傷勢與病苦，必要時可剪開其衣服。

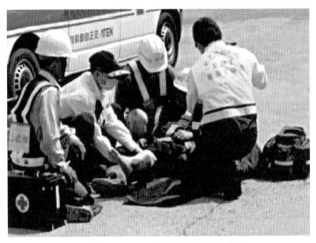

▲ 圖 6.2　傷患急救演練

6.5.2　急救箱

　　為因應急救時所需之必要藥品與器材，各作業場所應設置急救箱，急救箱應具備必要之藥品與器材，藥品均需貼上標籤，並注意有效期限，過期者應予丟棄並另購新品，器材用完應隨時添購並補足。值得注意的是，急救箱不可用空餅乾盒或食品罐代替，以免幼兒誤食。

一、藥品

1. 生理食鹽水：沖洗傷口使用，緊急時若無生理食鹽水，可用煮沸過的冷開水取代。

2. 優碘藥水：消毒作用佳，對細菌、黴菌、酵母菌、病毒、原蟲等均有效。

3. 消炎藥膏：如磺胺劑、四環黴素、鏈黴素等抗微生物藥劑以防止傷口發炎感染。

二、器材

1. 棉籤：用以沾藥水清洗傷口或消毒之用。

2. 消毒紗布：傷口消毒上藥後覆蓋之用。

3. 膠布：用以固定紗布用。

4. OK 繃：小傷口使用。

5. 體溫計。

6. 三角巾：包紮或固定傷口用。

7. 繃帶：固定用。

8. 剪刀。

9. 鑷子：蜂螫時拔毒刺用。

10. 冷熱敷袋：扭傷用。

6.5.3 挽救生命

對傷患者施予急救時，首先必須先檢查傷患者之意識程度，應檢查傷患者之聽覺反應、痛覺反應及是否可正確回答問題，若傷患沒有反應則打 119 求救。說明您的電話、事故現場的正確地址、傷患情形。如果有 AED，設法取得 AED。以下為急救步驟說明：

一、確認是否有呼吸

在 3~5 秒的時間內看胸部是否起伏，聽是否有呼吸聲，感覺是否有空氣自口鼻呼出，用鏡子或光亮的東西放在鼻前，觀看是否有蒸氣的痕跡。再用手指輕壓頸動脈，感覺是否有脈搏。

二、心肺復甦術(CPR)

1. 連續胸部按壓（如圖 6.3）：
   (1) 將中指置於傷患者胸部兩乳頭連線中央，食指緊靠中指，置於胸骨上定位。
   (2) 將另一平的掌根緊靠在已定位的食指旁，使掌根的位置正好放在胸骨的中線上。
   (3) 掌根放好位置後，另一手重疊於其上。
   (4) 將兩手的手指互扣或翹起，以免壓迫傷患之肋骨造成骨折。
   (5) 施救者面向傷患跪著，兩腿打開與肩同寬，肩膀在傷患胸骨的正上方，雙臂伸直用垂直的力量直接下壓，每次下壓時應將胸骨下壓 5~6 公分、兒童至少胸廓深度 1/3、勿超過 6 公分、嬰兒至少胸廓前後徑 1/3。

(6) 按壓次數 100~120 次／分鐘，確保每次按壓後安全回彈，避免中斷，中斷不可超過 10 秒。

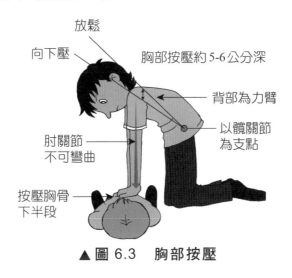

放鬆

向下壓

胸部按壓約5-6公分深

背部為力臂

以髖關節為支點

肘關節不可彎曲

按壓胸骨下半段

▲ 圖 6.3　胸部按壓

2. 人工呼吸：

　　是以胸部按壓與人工呼吸的交互操作，首先打開傷病患呼吸道，以壓額舉下巴方式打開呼吸道（如圖 6.4）。維持傷患頭部後仰，以姆指及食指輕捏傷患鼻孔，施救者深吸一口氣，將口完全罩住傷患的嘴，每次吹 1 秒（如圖 6.5）。每次吹完氣，看到胸部落下，再吹第二口氣，與胸部按壓比率 30:2。值得注意的是，心肺復甦術要經訓練合格的急救人員才可施作。

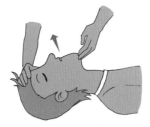

▲ 圖 6.4　暢通呼吸道

▲ 圖 6.5　人工呼吸

三、體外心臟去顫器

自動體外心臟去顫器(Automated External Defibrillator，AED)是一部能釋放適當電量，使患者心律從心室纖維顫動(VF)或無脈性心室頻脈(Pulseless VT)恢復正常心律的醫療儀器。根據統計，當出現心室顫動時，若能在一分鐘內立即給予電擊，則成功率可高達 90%；若能在五分鐘內進行電擊，則成功率也至少有 50%，故電擊程序對於心室顫動是非常重要的步驟。據簡單的統計，AED 加 CPR 救回的生命比單純 CPR 多一倍。

🦉 編者的話

心肺復甦術之胸部按壓與人工呼吸（按壓與吹氣）比率原為 15：2，經參考美國心臟醫學會 (AHA)2005 年 11 月公告之 CPR 2005 new guideline，行政院衛生福利部於民國 105 年 5 月 19 日修訂心肺復甦術之按壓與吹氣比率為 30：2。

6.5.4 防止惡化

一、止血

人體血液約占體重的 1/13，可分為動脈血、靜脈血及微血管血液，當患者有出血情況發生時，最重要的工作為立即止血，否則當達到一定的出血量即會造成休克，甚至死亡。止血的方法有：直接加壓止血法、止血點止血法、止血帶止血法、抬高傷肢法。

▲圖 6.6　直接加壓止血並抬高傷肢

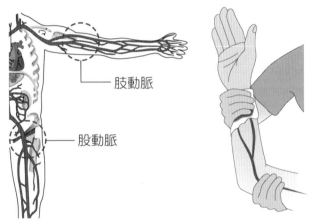

肢動脈

股動脈

▲圖 6.7　止血點及直接加壓與止血點並用

二、休克的急救

　　休克是因外傷、出血、燒燙傷等傷害，或情緒過度刺激及恐懼，而引起的一種血液循環量不足的情況，患者膚色蒼白、冰冷，脈搏快而弱，呼吸淺而快，感覺口渴並可能有嘔吐現象，若沒有即時處理，傷患會意識喪失、體溫下降，並且可能死亡。

1. 讓傷患平躺休息、下肢抬高，並使頭傾向一側，但頭部外傷及呼吸困難的傷患則不可抬高下肢。

2. 控制或排除引起休克的原因，如出血時止血、骨折時固定。

3. 蓋毛毯保溫。

4. 視情況給予飲料，但昏迷、頭部、胸腹部嚴重受傷者禁給任何飲料。

5. 若患者呼吸困難、想嘔吐，或意識逐漸喪失則以復甦姿勢處理。

6. 如患者呼吸、心跳均停止，立刻進行心肺復甦術。

7. 迅速送醫。

三、燒燙傷的急救

燒燙傷的急救方法依燒燙傷的程度，其急救方法而有所不同，但其處理步驟可把握「沖、脫、泡、蓋、送」之原則。

（一）燒燙傷程度等級

1. 輕度：僅表皮外層損傷，引起腫脹及相當程度的疼痛。

2. 中度：表皮和部分真皮損傷，皮膚發紅、表面潮濕、起水泡、腫脹和疼痛比輕度厲害。

3. 重度：整層皮膚及皮下組織受到破壞，皮膚呈白色或焦黑，由於神經末稍被破壞了，一般反而較不會有劇痛，重度燒燙傷通常需要特殊醫療，在急救後需盡速送醫。

（二）輕度燒燙傷的急救

1. 將燒燙傷部位置於自來水下輕輕沖洗，或浸於冷水中約 10 分鐘到不痛為止，如無法沖洗或浸泡，則可用冷敷。

2. 傷處未腫脹前，小心脫除戒指、皮帶、鞋子或其他緊身衣物。

3. 必要時可以使用敷料並加以包紮。

（三）中度燒燙傷的急救

1. 將燒燙傷部位置於冷水中或自來水下輕輕沖洗，直到疼痛停止，無法沖洗或浸泡部位則用冷敷。

2. 用乾淨的布塊將傷處水分吸乾。

3. 用消毒紗布蓋住傷處包紮之。

4. 視情況送醫治療。

5. 如手腳受傷需抬高傷處，減輕腫脹。

（四）重度燒燙傷的急救

1. 讓患者躺下，將受傷部位墊高（高於心臟部位）。

2. 詳細檢查患者有無其他傷害，維持呼吸道暢通。

3. 不要企圖移去黏在傷處的衣物，必要時可將衣褲剪開。

4. 用厚的消毒敷料或乾淨布塊蓋在傷處，保護傷口。

5. 不可塗抹任何油膏或藥劑。

6. 儘速送醫。

四、中暑的急救

中暑是因為氣溫過高而且乾燥，引起體內體溫調節中樞失常，無法控制體溫，汗腺失去排汗功能，以致不能散熱，病人的症狀為臉色潮紅、脈搏快而強、體溫高達 40 度以上、神智不清或昏迷。

1. 將患者送至陰涼通風的地方使其仰臥，解開衣服、束帶、頭部墊高。

2. 用濕毛巾或酒精擦拭患者身體，設法立即降低其體溫，但勿低於 38 度。

3. 如患者清醒，可酌量給予冷飲，最好是鹽開水。

4. 密切注意患者，如有異常變化立即送醫。

五、骨折的急救

　　骨折是指骨骼受到外力的撞擊或壓迫而造成的連續性中斷，常併有關節、韌帶及關節周圍軟組織之損傷，並可能併發內臟、其他器官的損傷或大量出血，若處理不當甚至會威脅到生命。

1. 先處理傷者之窒息、休克、出血及嚴重創傷等。

2. 移動傷患前，先小心剪開或撕開疑似骨折部位的衣服除去飾物。

3. 除非對生命有危險，否則應在意外現場先處理骨折固定，再搬運送醫。

4. 開放性骨折（骨折部位與外界相通，併有皮膚傷口）需先用無菌或乾淨布類覆蓋，並加環型墊包紮，以免外力直接壓到骨突出部位。

5. 骨折固定夾板長度應超過所要固定之兩端關節，夾板應先包覆襯墊，以免造成摩擦。

6. 肩膀、手肘、手腕、膝蓋等關節之骨折，應該就其受傷時之姿勢，以夾板固定之。

7. 骨骼固定後，抬高受傷的肢體，以減輕腫脹。

8. 用冰帶敷在痛處，減輕腫脹的痛苦。

6.5.5 傷患搬運

傷患搬運是指急救人員為減輕傷患再受到其他傷害，在醫護人員到達前在安全的計畫下，將傷患送到安全的地方或接受治療的地方，其主要目的為使傷患能脫離危險區域，並儘速接受治療及避免受到不必要的干擾。

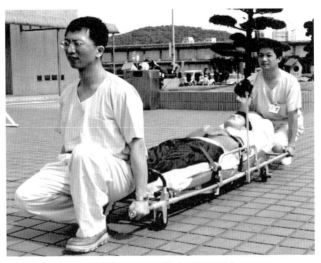

▲ 圖 6.8　擔架搬運法

一、緊急的搬運

緊急的搬運係指傷患所處的環境相當的危險，隨時可能因狀況的改變，而導致傷患及施救者的受傷或死亡，如即將倒塌之建築物或爆炸之廠房，因此施救者必須儘速將傷患搬離危險的區域，而在搬運過程中也可能造成傷患更嚴重的二度傷害。

二、非緊急的搬運

非緊急的搬運係指傷患受所處的環境無立即發生危險之虞，因此施救者可先將傷患的生命跡象穩定，並處理基本的照護，必要時並給予傷患脊椎固定後，再將傷患搬運送醫，以減少搬運過程中的二度傷害。

三、注意事項

傷患搬運常受限於緊急情況或現場救護器材之不足，而造成傷患之二度傷害，因此若傷患所處環境安全且救護器材足夠的話，應經評估給予傷害最完善的搬運工作。

1. 急救人員在搬運之前，要保持冷靜，先瞭解傷勢，除非環境情況危急迫切，否則須加以急救處理好才搬運。

2. 搬運前最好事先給予傷患解釋及說明。

3. 急救人員在兩名以上時，動作應整齊，步伐均勻；如時間許可，宜先稍作練習。

4. 若需將傷患拖至安全地帶，應以身體長軸方向直向拖行（腳前頭後），不可用側面橫向拖行；上下坡時傷患宜平抬。

5. 凡是頭部、大腿、小腿、手臂、骨盆、背部骨折者不宜直立搬運；任何部位脊椎發生骨折，均使用平板（門板、木床、竹床等）搬運，不得使用帆布擔架搬運。

6. 搬運傷患最理想的方法是使用車輛（救護車）及標準擔架，但事實上在很多意外事件發生的現場不容易或不可能獲得這些器材，因此為了把握時間，急救人員必須當機立斷就地取材，或用坐椅、或用小床、或用門板來搬運，必要時也可製作臨時擔架進行搬運工作。

習題

EXERCISE

一、選擇題

( ) 1. 特別危害勞工健康之噪音作業係指噪音在　(1)70分貝　(2)75分貝　(3)80分貝　(4)85分貝　以上之作業。

( ) 2. 勞工體格檢查或健康檢查之紀錄應至少保存　(1)7年　(2)10年　(3)15年　(4)至勞工退休。

( ) 3. 年滿65歲以上之在職勞工應每　(1)1年　(2)2年　(3)3年　(4)5年　實施一次一般健康檢查。

( ) 4. 年滿40歲未滿65歲之在職勞工應每　(1)1年　(2)2年　(3)3年　(4)5年　實施一次一般健康檢查。

( ) 5. 未滿40歲之在職勞工應每　(1)1年　(2)2年　(3)3年　(4)5年　實施一次一般健康檢查。

( ) 6. 勞工特殊體格檢查或特殊健康檢查之紀錄應至少保存　(1)7年　(2)10年　(3)15年　(4)至勞工退休。

( ) 7. 事業單位勞工人數在幾人以上者，應僱用或特約醫護人員，辦理健康管理、職業病預防及健康促進等勞工健康保護事項　(1)30人　(2)50人　(3)100人　(4)150人。

( ) 8. 勞工健康管理第幾級管理以上者，應請職業醫學科專科醫師實施健康追蹤檢查，必要時應實施疑似工作相關疾病之現場評估，且應依評估結果重新分級，並將分級結果及採行措施依中央主管機關公告之方式通報　(1)第1級　(2)第2級　(3)第3級　(4)第4級。

( ) 9. 事業單位之同一工作場所，勞工人數在幾人以上者，應視該場所之規模及性質，分別依人力配置及臨廠服務頻率，僱用或特約從事勞工健康服務之醫護人員，辦理臨廠健康服務　(1)100人　(2)200人　(3)300人　(4)500人。

（　）10. 急救人員兩眼裸視或矯正視力應均在　(1)0.4　(2)0.5　(3)0.6 (4)0.7　以上。

（　）11. 某工廠白天上班之勞工人數為90人，則應置合格急救人員　(1)1人 (2)2人　(3)3人　(4)4人。

（　）12. 心肺復甦術(CPR)是以胸部按壓與人工呼吸的交互操作，按壓與吹 氣比率為　(1)15：2　(2)30：2　(3)15：1　(4)30：1。

二、問答題

1. 特別危害勞工健康之作業包括哪些，試說明之。

2. 勞工健康管理計畫應納入哪些事項配合辦理？

3. 勞工健康管理之目標包括哪些事項？

4. 勞工健康檢查結果應如何辦理，試說明之。

5. 何謂一般體格檢查，試說明之。

6. 一般體格檢查應包括哪些項目？

7. 何謂一般健康檢查，試說明之。

8. 在職勞工一般健康檢查之實施期限為何？

9. 勞工從事特別危害健康作業之健康管理分為哪四級？

10. 醫護人員臨廠服務應辦理哪些事項？

11. 為辦理臨廠服務事項，醫護人員應會同勞工安全衛生及相關部門人員訪 視現場，辦理哪些事項？

12. 請簡要說明心肺復甦術。

07
CHAPTER

勞工教育
訓練

OCCUPATIONAL
SAFETY AND HEALTH

　　新僱勞工或在職勞工於變更工作前，雇主應使其接受適於各該工作必要之安全衛生教育訓練，勞工對於安全衛生教育訓練有接受之義務，而勞工也應將安全衛生教育訓練，視為保障自身安全與健康應有之權利，積極參與。根據統計，職業災害發生的原因，屬意外事故者僅占 3%，由不安全的設備或環境所導致者占 24%，而由勞工不安全的動作或行為所引起者卻高達 73%，由此可見勞工本身行為的不正確或無知，是導致職業災害發生之主要原因，而要提升勞工對工作安全的知識與技能，以減少職業災害所導致的損失，則有賴於職業安全衛生教育訓練的實施。此外，完善的勞工安全衛生教育訓練，除可培養勞工正確的工作態度與建立積極安全的人生哲學外，並可同時增加勞工作業的安全感，提高勞工對事業單位的信心，增進產業效能。

7.1　教育訓練之實施

　　對勞工實施教育訓練係藉由觀念、知識和技能的教育訓練過程，透過不同的教導方式，以達到安全衛生觀念與行為之傳授，促使勞工作業時安全化的動作與行為，以避免與減少職業災害的發生。事業單位實施職業安全衛生教育訓練的目的包括：

1. 樹立正確的安全衛生觀念。

2. 養成良好的安全衛生態度與習慣。

3. 學習預知危險的安全衛生知能。

4. 具備正常操作與控制危害的安全衛生技能。

5. 為全方位安全衛生管理作準備。

6. 創造事業單位安全衛生文化。

7.1.1　應接受教育訓練之人員

　　新僱勞工或在職勞工於變更工作前，雇主應使其接受適於各該工作必要之安全衛生教育訓練，而無一定雇主或自營作業之勞工，執行工作前亦應接受該工作必要之安全衛生教育，對於工作場所急救人員，除醫護人員外，雇主應使其接受急救人員教育訓練。勞工對於安全衛生教育訓練有接受之義務，應接受安全衛生教育訓練之人員包括：

1. 職業安全衛生業務主管。

2. 職業安全衛生管理人員。

3. 勞工作業環境監測人員。

4. 施工安全評估人員及製程安全評估人員。

5. 高壓氣體作業主管、營造作業主管、有害作業主管。

6. 具有危險性之機械或設備操作人員。

7. 特殊作業人員。

8. 勞工健康服務護理人員及勞工健康服務相關人員。

9. 急救人員。

10. 一般作業人員。

11. 其他經中央主管機關指定之人員。

7.1.2　實施程序

　　職業安全衛生教育訓練之實施，不可因一時興起而實施，除無法讓受訓勞工獲得理解與瞭解外，也無法達到預期的效果，因此職業安全衛生教育訓練計畫需經周詳的規劃、調查、分析、實施與評估，才能獲得成效，以降低職業災害的發生。

一、分析訓練需求

1. 組織分析：確定事業單位內哪些部門需要教育訓練。

2. 工作分析：確定各部門內哪些工作項目需要何種教育訓練。

3. 人員分析：確定哪些人員需要教育訓練。

二、擬訂訓練計畫

1. 職業安全衛生管理單位應先彙整事業單位內各部門之教育訓練需求調查。

2. 依據各部門對教育訓練需求之優先順序，擬定安全衛生教育訓練計畫草案。

3. 邀集各相關部門協商，訂定出年度安全衛生教育訓練計畫之時程與預算。

三、訓練計畫之實施

1. 確定訓練目標。

2. 遴選訓練對象。

3. 設計訓練課程。

4. 遴選講師。

5. 訂定訓練時間與地點。

四、訓練績效評估

1. 學員反應評估。

2. 學習成果評估。

3. 工作績效評估。

4. 單位績效評估。

7.1.3　實施方式

　　職業安全衛生教育訓練包括所從事工作預防災變必要之職前教育訓練，及充實工作場所主管人員與相關作業人員對安全衛生知識、技能之在職教育訓練，其實施方式可由事業單位自行辦理或委託依法設立之職業訓練機構辦理。

一、自行辦理

　　新僱勞工或在職勞工於變更工作前之一般安全衛生教育訓練，或各級業務主管人員於新僱或調換作業應增列之一般安全衛生教育訓練，可由事業單位自行辦理。一般安全衛生教育訓練課程若屬各部門之相關專業者，可由職業安全衛生管理單位規劃，由各部門辦理；若涉及全事業單位共通性者，則由職業安全衛生管理單位規劃及辦理。值得注意的是，事業單位自行辦理安全衛生教育訓練時，其內部若無具有安全衛生之專業講師，可聘請職業訓練機構或學術機構之專業講師擔任講師。

▲圖 7.1　事業單位自行辦理一般安全衛生教育訓練

二、委託辦理

　　教育訓練內容若涉及安全衛生專業性，應委託依法設立之職業訓練機構或學術機構規劃辦理。委託辦理安全衛生教育訓練時，若事業單位參與訓練之人數較多，且有合格之訓練場地，可由職業訓練機構至事業單位辦理，一般而言，以派遣事業單位之人員至職業訓練機構接受安全衛生教育訓練為宜。

▲圖 7.2　新北市勞工安全衛生管理人員職業工會辦理教育訓練

教育訓練之種類

一、職業安全衛生業務主管教育訓練

1. 僱用勞工人數在 100 人以上者，應使擔任職業安全衛生業務主管者，接受「甲種職業安全衛生業務主管安全衛生教育訓練」。

2. 僱用勞工人數在 30 人以上未滿 100 人者，應使擔任職業安全衛生業務主管者，接受「乙種職業安全衛生業務主管安全衛生教育訓練」。

3. 僱用勞工人數未滿 30 人者，應使擔任職業安全衛生業務主管者，接受「丙種職業安全衛生業務主管安全衛生教育訓練」。

編者的話

　　職業安全衛生業務主管具有職業安全管理師、職業衛生管理師、職業安全衛生管理員資格或經職業安全管理師、職業衛生管理師、職業安全衛生管理員訓練合格領有結業證書者，得免接受職業安全衛生業務主管之安全衛生教育訓練。

4. 營造業僱用勞工人數在 100 人以上者，應使擔任營造業職業安全衛生業務主管者，接受「營造業甲種職業安全衛生業務主管安全衛生教育訓練」。

5. 營造業僱用勞工人數在 30 人以上未滿 100 人者，應使擔任營造業職業安全衛生業務主管者，接受「營造業乙種職業安全衛生業務主管安全衛生教育訓練」。

6. 營造業僱用勞工人數未滿 30 人者,應使擔任營造業職業安全衛生業務主管者,接受「營造業丙種職業安全衛生業務主管安全衛生教育訓練」。

🦉 編者的話

　　營造業職業安全衛生業務主管於民國 98 年 1 月 8 日前,具下列資格之一,且有一年以上營造工作經歷者,得免接受營造業職業安全衛生業務主管之安全衛生教育訓練:

1. 職業安全管理師。
2. 職業衛生管理師。
3. 職業安全衛生管理員。
4. 經職業安全管理師、職業衛生管理師、職業安全衛生管理員、職業安全衛生業務主管訓練合格領有結業證書者。

二、作業主管教育訓練

　　下列作業主管應接受「高壓氣體作業主管安全衛生教育訓練」:

1. 高壓氣體製造安全主任。
2. 高壓氣體製造安全作業主管。
3. 高壓氣體供應及消費作業主管。

下列作業主管應接受「營造作業主管安全衛生教育訓練」：

1. 擋土支撐作業主管。

2. 露天開挖作業主管。

3. 模板支撐作業主管。

4. 隧道等挖掘作業主管。

5. 隧道等襯砌作業主管。

6. 施工架組配作業主管。

7. 鋼構組配作業主管。

8. 屋頂作業主管。

9. 其他經中央主管機關指定之人員。

下列作業主管應接受「有害作業主管安全衛生教育訓練」：

1. 有機溶劑作業主管。

2. 鉛作業主管。

3. 四烷基鉛作業主管。

4. 缺氧作業主管。

5. 特定化學物質作業主管。

6. 粉塵作業主管。

7. 高壓室內作業主管。

8. 潛水作業主管。

9. 其他經中央主管機關指定之人員。

三、操作人員教育訓練

　　下列人員應接受「具有危險性之機械操作人員安全衛生教育訓練」：

1. 吊升荷重在 3 公噸以上之固定式起重機或吊升荷重在 1 公噸以上之斯達卡式起重機操作人員。

2. 吊升荷重在 3 公噸以上之移動式起重機操作人員。

3. 吊升荷重在 3 公噸以上之人字臂起重桿操作人員。

4. 導軌或升降路之高度在 20 公尺以上之營建用提升機操作人員。

5. 吊籠操作人員。

6. 其他經中央主管機關指定之人員。

　　下列人員應接受「具有危險性之設備操作人員安全衛生教育訓練」：

1. 鍋爐操作人員。

2. 第一種壓力容器操作人員。

3. 高壓氣體特定設備操作人員。

4. 高壓氣體容器操作人員。

5. 其他經中央主管機關指定之人員。

　　下列人員應接受「特殊作業安全衛生教育訓練」：

1. 小型鍋爐操作人員。

2. 荷重在 1 公噸以上之堆高機操作人員。

3. 吊升荷重在 0.5 公噸以上未滿 3 公噸之固定式起重機操作人員或吊升荷重未滿 1 公噸之斯達卡式起重機操作人員。

4. 吊升荷重在 0.5 公噸以上未滿 3 公噸之移動式起重機操作人員。

5. 吊升荷重在 0.5 公噸以上未滿 3 公噸之人字臂起重桿操作人員。

6. 高空工作車操作人員。

7. 使用起重機具從事吊掛作業人員。

8. 以乙炔熔接裝置或氣體集合裝置從事金屬之熔接、切斷或加熱作業人員。

9. 火藥爆破作業人員。

10. 胸高直徑 70 公分以上之伐木作業人員。

11. 機械集材運材作業人員。

12. 高壓室內作業人員。

13. 潛水作業人員。

14. 油輪清艙作業人員。

15. 其他經中央主管機關指定之人員。

四、技能檢定教育訓練

下列人員應於事前接受職業安全衛生管理人員之安全衛生教育訓練，經訓練合格領有結業證書，始得參加技能檢定取得職業安全衛生管理人員資格：

1. 職業安全管理師。

2. 職業衛生管理師。

3. 職業安全衛生管理員。

　　下列人員應於事前接受作業環境監測人員之安全衛生教育訓練，經訓練合格領有結業證書，始得參加技能檢定取得作業環境監測人員資格：

1. 甲級化學性因子作業環境監測人員。

2. 甲級物理性因子作業環境監測人員。

3. 乙級化學性因子作業環境監測人員。

4. 乙級物理性因子作業環境監測人員。

五、安全評估人員教育訓練

1. 施工安全評估人員應接受「施工安全評估人員安全衛生教育訓練」。

2. 製程安全評估人員應接受「製程安全評估人員安全衛生教育訓練」。

六、護理急救人員教育訓練

1. 從事勞工健康服務之護理人員，應接受「勞工健康服務護理人員安全衛生教育訓練」。

2. 工作場所急救人員，除醫護人員外，應接受「急救人員安全衛生教育訓練」。

七、一般安全衛生教育訓練

　　新僱勞工或在職勞工於變更工作前，應接受適於各該工作必要之安全衛生教育訓練，而無一定雇主或自營作業之勞工，也應接受該工作必要之一般安全衛生教育訓練。一般安全衛生教育訓練應依實際需要排定時數，且不得少於 3 小時，但從事使用生產性機械或設備、車輛系營建機械、高空工作車、捲揚機等之操作及營造作業、缺氧作業、電焊作業等應各增列 3 小時；對製造、處置或使用危險物、有害物者應增列 3 小時。值得注意的是，各級業務主管人員於新僱或在職於變更工作前，應增列 6 小時。

　　一般安全衛生教育訓練課程內容：

1. 作業安全衛生有關法規概要。

2. 職業安全衛生概念及安全衛生工作守則。

3. 作業前、中、後之自動檢查。

4. 標準作業程序。

5. 緊急事故應變處理。

6. 消防及急救常識暨演練。

7. 其他與勞工作業有關之安全衛生知識。

　　各級業務主管人員應增列課程內容：

1. 安全衛生管理與執行。

2. 自動檢查。

3. 改善工作方法。

4. 安全作業標準。

> ## 🦉 編者的話
>
> 　　中央主管機關建置或認可之職業安全衛生教育訓練網路教學課程，事業單位之勞工上網學習，取得認證時數，其時數得抵充一般職業安全衛生教育訓練時數至多 2 小時。

八、在職教育訓練

　　擔任下列工作之人員，應依其工作性質接受「職業安全衛生在職教育訓練」。

1. 職業安全衛生業務主管，每 2 年至少 6 小時。

2. 職業安全衛生管理人員，每 2 年至少 12 小時。

3. 勞工健康服務護理人員及勞工健康服務及相關人員，每 3 年至少 12 小時。

　　擔任下列工作之人員，應依其工作性質接受「職業安全衛生在職教育訓練」，每 3 年至少 6 小時。

1. 勞工作業環境監測人員。

2. 施工安全評估人員及製程安全評估人員。

3. 高壓氣體作業主管、營造作業主管及有害作業主管。

　　擔任下列工作之人員，應依其工作性質接受「職業安全衛生在職教育訓練」，每 3 年至少 3 小時。

1. 具有危險性之機械或設備操作人員。

2. 特殊作業人員。

3. 急救人員。

4. 各級管理、指揮、監督之業務主管。

5. 職業安全衛生委員會成員。

6. 下列作業之人員：

   (1) 營造作業。

   (2) 車輛系營建機械作業。

   (3) 起重機具吊掛搭乘設備作業。

   (4) 缺氧作業。

   (5) 局限空間作業。

   (6) 氧乙炔熔接裝置作業。

   (7) 製造、處置或使用危害性化學品作業。

7. 前述各款項以外之一般勞工。

7.3 教育訓練之辦理

一、教育訓練單位

教育訓練單位辦理職業安全衛生教育訓練前，應填具教育訓練場所報備書及檢附符合規定之資格文件，報請當地主管機關核定。職業安全衛生之教育訓練得由下列單位辦理：

1. 勞工主管機關、衛生主管機關、勞動檢查機構或目的事業主管機關。

2. 依法設立之非營利法人。

3. 依法組織之雇主團體。

4. 依法組織之勞工團體。

5. 中央衛生福利主管機關醫院評鑑合格或大專校院設有醫、護科系者。

6. 報經中央主管機關核可之非營利為目的之急救訓練單位。

7. 大專校院設有安全衛生相關科系所或訓練種類相關科系所者。

8. 事業單位。

9. 其他經中央主管機關核可者。

　　值得注意的是，中央衛生主管機關醫院評鑑合格或大專校院設有醫、護科系者之訓練單位，以辦理勞工健康服務護理人員及急救人員安全衛生教育訓練為限；報經中央主管機關核可之非營利為目的之急救訓練單位，以辦理急救人員安全衛生教育訓練為限。除為醫護專業團體外，辦理勞工健康服務護理人員訓練及急救人員訓練時，應與中央衛生主管機關醫院評鑑合格者或大專校院設有醫、護科系者合辦。

二、辦理程序

　　教育訓練單位辦理職業安全衛生教育訓練，訓練課程之學科、術科每日上課時數，不得超過 8 小時，而術科實習應於日間實施，學科得於夜間辦理，但夜間上課每日以 3 小時為原則，且不得超過午後 10 點。

1. 核備文件：教育訓練單位辦理職業安全衛生教育訓練，應於 15 日前檢附下列文件，報請當地主管機關備查：

   (1) 教育訓練計畫報備書。

   (2) 教育訓練課程表。

   (3) 講師概況。

(4) 學員名冊。

(5) 負責之專責輔導員名單。

🦉 **編者的話**

　　教育訓練單位辦理職業安全衛生教育訓練，訓練課程如有變動，應檢附變更事項文件於開訓前 1 日，報請當地主管機關備查。

---

2. 輔導：教育訓練單位辦理職業安全衛生教育訓練時，應指派具職業安全衛生管理員資格之專責輔導員辦理下列事項：

(1) 查核受訓學員之參訓資格。

(2) 查核受訓學員簽到紀錄及點名等相關事項。

(3) 查核受訓學員之上課情形；受訓學員缺課時數達課程總時數 1/5 以上者，訓練單位應通知其退訓；受訓學員請假超過 3 小時者及曠課者，訓練單位應通知其補足全部課程。

(4) 調課或代課之處理。

(5) 隨時注意訓練場所各項安全衛生設施。

(6) 協助學員處理及解決訓練有關問題。

(7) 其他經中央主管機關認有必要之事項。

3. 測驗：

(1) 職業安全衛生教育訓練之教育訓練技術或管理職類中央主管機關得就其一部或全部，公告測驗方式為技術士技能檢定。

(2) 教育訓練單位對於接受經中央主管機關公告之教育訓練管理職類者，應於結訓後 15 日內，發給訓練期滿證明。

(3) 教育訓練單位辦理經中央主管機關公告之教育訓練管理職類者，其測驗應於中央主管機關認可之測驗試場辦理；測驗合格者，應發給結業證書。

(4) 測驗所需費用，由訓練單位所收取之訓練費用支應。

4. 結業證書：教育訓練單位對於接受職業安全衛生教育訓練者，應實施結訓測驗；測驗合格者，應於結訓後 15 日內，發給結業證書。

5. 教育訓練費用：教育訓練單位辦理職業安全衛生教育訓練所收取之費用，應用於講師授課酬勞、講師培訓、測驗費、證書費、職員薪津、辦公費、房租、必要教學支出及從事安全衛生活動之用。

三、教育訓練師資

中央主管機關甄選職業安全衛生教育訓練講師，以書面審查或教學演練方式辦理之，並應建立合格講師名冊供聘任參考。教育訓練單位辦理職業安全衛生教育訓練時，講師資格應符合下列規定：

勞工安全管理師、勞工衛生管理師之教育訓練講師資格：

1. 任教大專校院相關課程具 3 年以上教學經驗者。

2. 具有工業安全、工業衛生或相關學科博士學位並有 1 年以上相關工作經歷者。

3. 具有工業安全、工業衛生或相關學科碩士學位並有 3 年以上相關工作經歷者。

4. 具有工業安全、工礦衛生技師資格並有 5 年以上相關工作經歷者。

5. 具有勞動檢查員 5 年以上相關工作經歷者。

6. 大專校院相關科系畢業，具有職業安全管理師、職業衛生管理師或職業安全管理甲級技術士證照、職業衛生管理甲級技術士證照，並有 7 年以上相關工作經歷者。

職業安全衛生管理員、施工安全評估人員及製程安全評估人員之教育訓練講師資格：

1. 任教大專校院相關任教課程具 2 年以上教學經驗者。

2. 具有工業安全、工業衛生或相關學科博士學位並有 1 年以上相關工作驗歷者。

3. 具有工業安全、工業衛生或相關學科碩士學位並有 3 年以上相關工作經歷者。

4. 具有工業安全、工礦衛生技師資格，並有 3 年以上相關工作經歷者。

5. 具有勞動檢查員 3 年以上相關工作經歷者。

6. 大專校院相關科系畢業，具有職業安全衛生管理員或職業安全衛生管理乙級技術士證照，並有 5 年以上相關工作經歷者；但擔任施工安全評估人員或製程安全評估人員之教育訓練課程講師者，應經施工安全評估人員或製程安全評估人員訓練合格，並有 5 年以上施工安全評估或製程安全評估相關工作經驗者。

作業環境監測人員之教育訓練講師資格：

1. 任教大專校院相關任教課程具 2 年以上教學經驗者。

2. 大專校院相關科系畢業取得作業環境監測甲級技術士證照，並具作業環境監測相關工作經歷 5 年以上者。

3. 大專校院相關科系畢業具有工礦衛生技師資格，並具作業環境監測相關工作經驗 3 年以上者。

4. 具有勞動檢查員 3 年以上職業衛生檢查經驗者。

急救人員之教育訓練講師資格：由合辦之教學醫院或醫院評鑑合格者，遴選實際從事緊急醫療救護工作 3 年以上之醫護人員、具有中央衛生主管機關規定之高級或中級救護技術員合格證書者擔任講師。

職業安全管理師、職業衛生管理師、職業安全衛生管理員、作業環境監測人員、急救人員、勞工健康服務護理人員等教育訓練以外講師資格：

1. 大專校院相關科系畢業，具 3 年以上相關工作經驗者。

2. 術科講師應為高中、高職以上學校畢業，取得相關職類甲級、乙級或單一級技術士證照，或經相關訓練受訓合格，取得操作人員資格，並具相關操作或作業實務 3 年以上經驗者。

3. 任教相關課程具 10 年以上實務經驗或專長者。

4. 具有勞動檢查員 3 年以上相關工作經歷者。

四、教育訓練教材

教育訓練單位對教育訓練教材之編製，應設編輯及審查委員會，並依法定課程名稱、時數及中央主管機關公告之課程綱要編輯，於審查完成後，將編輯及審查之相關資料連同教材，報中央主管機關備查。教育訓練教材經中央主管機關指定或統一編製者，訓練單位應以其為教材使用，不得自行編製。教育訓練教材內容之編撰，應依下列原則辦理：

1. 符合現行勞工有關法令及著作權法有關規定。

2. 使用中文敘述，輔以圖說、實例或職業災害案例等具體說明，如有必要引用國外原文者，加註中文，以為對照。

3. 使用公制單位，如有必要使用公制以外之單位者，換算為公制，以為對照。

4. 教材之編排，應以橫式為之，由左至右。

5. 載明編輯委員。

五、教育訓練之查核

　　中央主管機關對訓練單位之行政管理、業務執行、教材編製、實習機具與設備、講師、人員配置、費用收支、財產管理及其他中央主管機關認有必要之事項得實施評鑑，評鑑結果，得分級公開之。評鑑結果，訓練單位如有應改善事項，中央主管機關並得限期令其改正；屆期未改正者，定期停止訓練單位訓練業務之全部或一部。對教育訓練單位之評鑑，中央主管機關得委託學術機構或相關團體辦理之。

　　教育訓練單位辦理職業安全衛生教育訓練，地方主管機關應予查核，中央主管機關必要時，得予抽查。教育訓練單位對於所辦理之職業安全衛生教育訓練，應將下列文件於教育訓練結束後 10 日內做成電子檔，至少保存 10 年：

1. 學員簽到紀錄。

2. 受訓學員點名紀錄。

3. 受訓學員成績冊。

4. 受訓學員訓練期滿證明核發清冊或結業證書核發清冊。

編者的話

　　教育訓練單位對訓練期滿證明或結業證書核發清冊，應於教育訓練結束後 10 日內傳送至中央主管機關建置之職業安全衛生教育訓練資訊管理系統。訓練單位辦理教育訓練結訓後，應將應保存之文件資料及核備文件資料，於教育訓練結束 30 日內做成電子檔或以電腦掃描方式做成光碟保存。教育訓練單位於停止辦理職業安全衛生教育訓練業務時，應將建置資料之電子檔或光碟移送中央主管機關。

　　教育訓練單位有下列情事之一者，主管機關得予以警告並通知限期改善：

1. 專責輔導員未確實依應辦理之事項辦理。

2. 訓練教材、訓練方式或訓練目標違反勞動法令規定。

3. 未依訓練計畫內容實施。

4. 主管機關查核、發現違反本規則之情事。

5. 其他違反中央主管機關規定之情事。

　　教育訓練單位有下列情事之一者，主管機關得處以罰鍰處分，並通知限期改正：

1. 訓練場所、訓練設備、安全衛生設施不良，未能符合核備之條件。

2. 招訓廣告或簡章內容有虛偽不實。

3. 未於核備之訓練場所實施教育訓練。

4. 訓練計畫未依規定報請訓練所在地主管機關備查。

5. 未置備教育訓練資料或資料紀錄不實。

6. 未依規定辦理結訓測驗。

7. 未依規定辦理訓練期滿證明或結業證書之發給。

8. 未依公告之規定，登錄指定文件。

9. 未核實登載訓練期滿證明或結業證書核發清冊資料。

10. 拒絕、規避或阻撓主管機關業務查核或評鑑。

11. 未依訓練計畫內容實施，情節重大。

12. 未依法規規定對外招訓或規定辦理教育訓練。

13. 停止辦理訓練業務，未依法規規定報請地方主管機關備查，或未將教育訓練建置資料之電子檔移送中央主管機關。

14. 經主管機關依規定令其限期改正，屆期未改正。

習題

一、選擇題

( ) 1. 僱用勞工人數在100人以上者,應使擔任職業安全衛生業務主管者接受 (1)甲種 (2)乙種 (3)丙種 (4)丁種 職業安全衛生業務主管安全衛生教育訓練。

( ) 2. 僱用勞工人數在30人以上未滿100人者,應使擔任職業安全衛生業務主管者接受 (1)甲種 (2)乙種 (3)丙種 (4)丁種 職業安全衛生業務主管安全衛生教育訓練。

( ) 3. 僱用勞工人數在30人以下者,應使擔任職業安全衛生業務主管者接受 (1)甲種 (2)乙種 (3)丙種 (4)丁種 職業安全衛生業務主管安全衛生教育訓練。

( ) 4. 吊升荷重在3公噸以上之固定式起重機操作人員應接受 (1)有害作業主管 (2)具有危險性之機械操作人員 (3)具有危險性之設備操作人員 (4)特殊作業 安全衛生教育訓練。

( ) 5. 吊升荷重在1公噸以上之堆高機操作人員應接受 (1)有害作業主管 (2)具有危險性之機械操作人員 (3)具有危險性之設備操作人員 (4)特殊作業 安全衛生教育訓練。

( ) 6. 吊升荷重未滿3公噸之固定式起重機操作人員應接受 (1)有害作業主管 (2)具有危險性之機械操作人員 (3)具有危險性之設備操作人員 (4)特殊作業 安全衛生教育訓練。

( ) 7. 職業安全衛生管理員為 (1)甲級技術士 (2)乙級技術士 (3)丙級技術士 (4)丁級技術士。

( ) 8. 營造作業勞工應接受 (1)1小時 (2)2小時 (3)3小時 (4)6小時 之一般職業安全衛生教育訓練。

（　）9. 擔任職業安全衛生業務主管，應依其工作性質接受職業安全衛生在職教育訓練　(1)每2年至少6小時　(2)每3年至少6小時　(3)每3年至少3小時　(4)每年至少6小時。

（　）10. 擔任特殊作業人員，應依其工作性質接受職業安全衛生在職教育訓練　(1)每2年至少6小時　(2)每3年至少6小時　(3)每3年至少3小時　(4)每年至少6小時。

（　）11. 受訓學員缺課時數達課程總時數　(1)1/2　(2)1/3　(3)1/4　(4)1/5　以上者，訓練單位應通知其退訓。

（　）12. 教育訓練單位對於接受職業安全衛生教育訓練者，應實施結訓測驗；測驗合格者，應於結訓後　(1)10日　(2)15日　(3)20日　(4)30日　內，發給結業證書。

二、問答題

1. 應接受安全衛生教育訓練之人員包括哪些人員，試說明之。

2. 應接受營造作業主管安全衛生教育訓練之主管人員有哪幾種作業，試說明之。

3. 哪些人員須經訓練合格領有結業證書，始得參加技能檢定？

4. 一般安全衛生教育訓練課程內容應包括哪些，試說明之。

5. 職業安全衛生教育訓練得由哪些單位辦理，試說明之。

6. 教育訓練單位辦理職業安全衛生教育訓練前，應檢附哪些文件，報請地方主管機關備查，試說明之。

7. 教育訓練單位辦理職業安全衛生教育訓練時，應指派具職業安全衛生管理員資格之專責輔導員辦理哪些事項，試說明之。

8. 擔任勞工安全管理師、勞工衛生管理師教育訓練課程之講師，應具備哪些資格，試說明之。

MEMO

08
CHAPTER

職業災害
勞工保護

OCCUPATIONAL
SAFETY AND HEALTH

職業災害係指因勞動場所之建築物、機械、設備、原料、材料、化學品、氣體、蒸氣、粉塵等或作業活動及其他職業上原因引起之工作者疾病、傷害、失能或死亡。為減少職業災害之發生，中央主管機關及勞動檢查機構對於各事業單位勞動場所得實施檢查。其有不合規定者，應告知違反法令條款，並通知限期改善；屆期未改善或已發生職業災害，或有發生職業災害之虞時，得通知其部分或全部停工。勞工於停工期間應由雇主照給工資。

8.1 職業災害防止計畫

為保護作業勞工之生命安全及企業之永續經營，並預防職業災害的發生，事業單位之雇主有責任與義務，對事業單位內所有的作業環境與機具設備，將可能產生的危害風險控制在零災害的目標。為達到零災害的目標，應透過事先的職業災害與事故的調查統計與分析，進而對事業單位內各項作業與機具設備進行危害風險評估，以瞭解事業單位內各項作業與機具設備之危害風險等級。再針對其危害風險等級提出改善對策，以擬訂職業災害防止計畫，並藉由職業災害防止計畫之實施，逐年改善各項作業與機具設備之危害風險等級，最後達到零災害之目標。

一、計畫之擬定

為達到零災害目標，在訂定職業災害防止計畫時，可運用「訂定、執行、檢討、修正」循環方法，於完成每一年度之職業災害防止計畫後，再依據計畫內容，制訂詳細之執行計畫，並由事業單位各部門依

計畫時程和內容確實執行。再透過稽核制度發掘執行缺失，於每三個月之安全衛生委員會或勞資會議中，修正職業災害防止計畫，並於年底時依安全衛生委員會議決議事項，訂定明年度的職業災害防止計畫，透過再執行、再稽核、再檢討、再修正計畫等循環方式，逐年降低事業單位之危害風險，最後達成零災害之目標。

每年年度結束前，安全衛生管理單位應先公告明年度之工安政策目標，各部門依工安政策目標，擬訂各部門之工安目標及實際執行計畫。安全衛生管理單位應彙整各部門所提出之執行計畫，並依職業安全衛生委員會之決議事項及相關法令規定之應辦理事項，估算所需預算經費，訂出下年度之職業災害防止計畫。

事業單位年度職業災害防止計畫之訂定，應以年度確實要執行之各計畫項目，訂出執行計畫、執行時程、預估預算及辦理單位，彙整成事業單位之年度職業災害防止計畫。由於職業災害防止計畫，不僅由職業安全衛生管理單位擬訂、彙整，更需事業單位內各部門主管與人員之監督與執行，因此職業災害防止計畫之訂定，應經由研擬目標、分工訂定、會商討論及定案實施等程序，方能訂出完善、可行、有效之職業災害防止計畫。

職業災害防止計畫訂定完成後，應送交事業單位之安全衛生委員會或勞資會議審議通過，並送請雇主核定後公告實施，年度開始時即應依職業災害防止計畫確實執行。對於中小事業單位無安全衛生委員會者，則可由安全衛生業務主管擬定職業災害防止計畫後，送請雇主核定後實施。擬定職業災害防止計畫時應注意下列事項：

1. 應依作業別與作業環境等分析危害因素訂定風險等級，對高風險等級者實施危害控制，加強檢查及稽核，尤其對於墜落、感電、火災爆炸、倒塌、崩塌等應列為必須評估項目及加強控管事項。

2. 應瞭解《職業安全衛生法》及《勞動檢查法》所規定應辦理事項，並且應每年檢視法規的修正情形，在訂定職業災害防止計畫時，應將法規規定事項或修正部分優先納入辦理。

3. 應瞭解事業單位體制內各部門之執行能力。

4. 事業單位主管人員應先訂定事業單位的年度工安目標，各部門再依此目標訂定各部門的工安目標，及為達此目標之應辦理事項，由安全衛生管理部門彙集再訂出全事業單位之年度職業災害防止計畫。

5. 應評估事業單位的財務能力和人員能力，以期訂定適當合理之職業災害防止計畫，才能真正有效的落實執行。

二、應參考資料

訂定職業災害防止計畫時，除必須先瞭解事業單位有關安全衛生之實際情況外，並必須收集足夠之參考資料，才能訂出符合實際需求之執行項目，以有效防止職業災害之發生。

1. 職災統計分析資料：職業災害之防止必須先瞭解職業災害發生之實況及其發生之原因，因此在訂定職業災害防止計畫前，應收集事業單位歷年職業災害統計資料、各次職業災害調查報告、各部門職業災害發生率、職業災害的類型、職業災害發生的媒介物、職業災害發生的原因及其所採行之因應對策。

2. 作業場所危害因素：瞭解事業單位作業場所之危害因素，才能藉由消除其危害因素，以防止職業災害之發生，而要瞭解工作場所之危害因素，可參考自動檢查紀錄表、工作安全分析紀錄表、安全觀察紀錄表、安全衛生訪談紀錄表、安全衛生委員會研議紀錄及勞動檢查機構檢查通知書等，經由研究分析瞭解造成職業災害之危害因素。

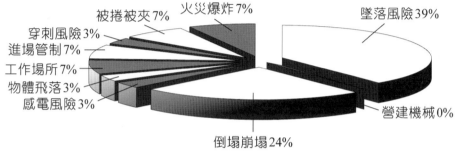

被捲被夾7%　火災爆炸7%　墜落風險39%
穿刺風險3%
進場管制7%
工作場所7%
物體飛落3%
感電風險3%
營建機械0%
倒塌崩塌24%

▲ 圖 8.1　作業場所之危害因素分析

3. 各部門執行情形：職業災害防止計畫必須透過各部門之確實按計畫內容執行，才能有效防止職業災害的發生，因此必須先瞭解各部門對職業災害防止計畫之執行情形，包括各部門安全衛生管理情形、教育訓練情形、自動檢查執行情形等，並針對其缺失擬訂改善措施。

4. 上年度檢討報告：職業災害防止計畫是連續性的，因此必須參考上一年度職業災害防止計畫執行檢討報告，以瞭解職業災害防止計畫之執行成果及在訂定下年度職業災害防止計畫應加強之項目。

5. 相關法規與案例：所謂「他山之石可以攻錯」，因此從別的事業單位所發生的職業災害案例，可作為本事業單位之借鏡，以避免相類似職業災害的發生。另外對於職業安全衛生法規，尤其是新修訂之條文及主管機關每年度發布之勞動檢查方針均可作為參考，以訂定出更完善之職業災害防止計畫。

三、訂定方法

　　安全衛生管理單位或人員在擬訂職業災害防止計畫之基本方針與計畫目標，及各部門在擬訂職業災害防止計畫之細部實施計畫時，必須要能確實掌握有關安全衛生問題之具體重點，才能提出有效之改善對策，進而提出具體可行之基本方針與計畫目標。

1. 檢討執行成果：對事業單位內上一年度各作業場所、作業方法及各種安全衛生活動等加以檢討，藉由相互討論並主動提出問題包括：「在安全衛生上有何問題」、「應如何處理改善」等，以從廣泛的角度對工作場所存在哪些安全衛生問題獲得具體的認識。

2. 掌握問題的重點：要掌握安全衛生問題的重點，可從制度、管理、設備、作業方法、作業標準、教育訓練、工作場所各項活動等加以檢討，以找出在安全衛生方面所存在的問題。

3. 研究職災分析報告：根據主管機關公布之職業災害統計分析資料、災害調查紀錄、重大事故報告書等，就其發生之時間、場所、作業狀態等加以檢討，藉以作為本事業單位在相關作業應予改善之重點，並針對職業災害分析報告書中有關災害防止對策，以檢討本事業單位職業災害防止計畫可能存在之缺失。

4. 提出應予改善之缺失：根據安全衛生管理人員、各級主管、監督人員等之日常安全衛生巡視報告、自動檢查報告、虛驚事故報告、或作業場所勞工經常提起的問題，就不安全的環境與不安全的動作等作綜合檢討，並提出應予改善之缺失，以作為訂定下年度職業災害防止計畫時之參考。

5. 注意法規的修正：在訂定職業災害防止計畫前，應注意主管機關在安全衛生相關法規之修正內容，並針對修正法規採取因應措施。另

外對事業單位所屬勞動檢查機構歷次之檢查結果建議書、職業災害防止輔導員之指導事項，應予確實研讀並提出改善措施。

6. 預測下年度之影響：由於事業單位生產狀況的變動，可能造成勞工工作量的變動與作業環境的改變，而導致事業單位發生以往未曾有過之不安全環境與不安全動作。因此在擬訂下一年度之職業災害防止計畫時，應預測事業單位下年度生產狀況的變動，並採取必要的安全衛生因應對策。

7. 找出管理上的問題：職業災害的發生常由於不安全的環境與不安全的動作所導致，包括機具設備的保養與管理不良、勞工對防護具的佩戴不適當或自動檢查不確實等。因此在訂定職業災害防止計畫時，應找出事業單位在安全衛生管理上的問題，並要求各級主管人員負起執行安全衛生工作的責任，並對事業單位安全衛生管理組織狀況加以檢討，包括安全衛生管理組織體系是否適當，各級主管對安全衛生工作的責任與權限的劃分是否明確等。

8. 思考有效果的改善對策：改善對策的擬訂其文字應簡潔而具體，並將改善方法類型化，如管理類、檢查類、教育訓練類及安全活動類等。此外，可將每一分類之改善對策附加共通的標題，並將其計畫項目作為具體的實施細目。例如可將新僱勞工、變更工作勞工之一般教育訓練、監督人員之教育訓練、作業主管之教育訓練、災害事故防止講習會等，整合為職業災害防止計畫之一項目，並冠以「安全衛生教育訓練」之標題。值得注意的是，應避免職業災害防止計畫之項目太多，導致在執行上有其困難而流於形式，因此在訂定職業災害防止計畫時，應考量各部門之執行能力，以擬訂最有效率之計畫項目。

8.2 職災勞工保障

　　事業單位工作場所發生職業災害，雇主應即採取必要之急救、搶救等措施，並會同勞工代表實施調查、分析及作成紀錄。倘若事業單位勞動場所發生下列職業災害之一時，雇主應於 8 小時內通報勞動檢查機構，勞動檢查機構應就工作場所發生死亡或重傷之災害派員檢查。事業單位除必要之急救、搶救外，雇主非經司法機關或勞動檢查機構許可，不得移動或破壞現場。

1. 發生死亡災害。

2. 發生災害之罹災人數在 3 人以上。

3. 發生災害之罹災人數在 1 人以上，且需住院治療。

4. 其他經中央主管機關指定公告之災害。

📖 編者的話

　　中央主管機關指定之事業，雇主應依規定填載職業災害內容及統計，按月報請勞動檢查機構備查，並公布於工作場所。

一、工作權保障

　　職業災害勞工經醫療終止後，雇主應按其健康狀況及能力，安置適當之工作，並提供其從事工作必要之輔助設施。倘若雇主未能安置職災勞工適當工作，主管機關應通知限期改善，並處新臺幣 5 萬元以

上 30 萬元以下罰鍰。經限期改善或繼續改善，而未如期改善者，得按次分別處罰，直至改善為止。除非有下列情形之一，雇主不得預告終止與職業災害勞工之勞動契約：

1. 歇業或重大虧損，報經主管機關核定者。

2. 職業災害勞工經醫療終止後，經公立醫療機構認定身心障礙不堪勝任工作者。

3. 因天災、事變或其他不可抗力因素，致事業不能繼續經營，報經主管機關核定者。

　　事業單位改組或轉讓後所留用之勞工，因職業災害致身心障礙、喪失部分或全部工作能力者，其依法令或勞動契約原有之權益，對新雇主繼續存在。但有下列情形之一者，職業災害勞工得終止勞動契約：

1. 經公立醫療機構認定身心障礙不堪勝任工作者。

2. 事業單位改組或轉讓，致事業單位消滅者。

3. 雇主未按職業災害勞工之健康狀況及能力，安置適當之工作。

4. 對雇主安置之工作未能達成協議者。

二、保障措施

1. 職業災害勞工經醫療終止後，直轄市、縣（市）主管機關發現疑似有身心障礙者，應通知當地社會行政主管機關主動協助。

2. 事業單位以其工作交付承攬者，承攬人就承攬部分所使用之勞工，應與事業單位連帶負職業災害補償之責任。惟事業單位或其承攬人就其所補償之部分，對發生職業災害勞工之雇主，有求償權。

3. 職業災害未認定前，勞工得依勞工請假規則規定，先請普通傷病假，普通傷病假期滿，雇主應予留職停薪，如認定結果為職業災害，再以公傷病假處理。

4. 因職業災害所提民事訴訟，法院應依職業災害勞工聲請，以裁定准予訴訟救助，但顯無勝訴之望者，不在此限。職業災害勞工聲請保全或假執行時，法院得減免其供擔保之金額。

8.3 職災勞工補助

　　勞工保險之被保險人，在保險有效期間遭遇職業災害，得向勞工保險局申請津貼與補助。對於實際從事勞務之受僱或自營作業但未加入勞工保險之勞工，遭遇職業災害，雇主未依勞動基準法規定予以補償時，得比照加入勞工保險勞工之標準，按最低投保薪資申請職業災害殘廢、死亡補助。惟倘若雇主依勞動基準法規定給予職業災害補償時，其補助得予抵充。勞工在遭遇職業災害，得申請之津貼與補助有：

1. 罹患職業疾病，喪失部分或全部工作能力，經請領勞工保險各項職業災害給付後，得請領生活津貼。

2. 因職業災害致身體遺存障害，喪失部分或全部工作能力，適合勞工保險殘廢給付標準表第 1 等級至第 7 等級規定之項目，得請領失能生活津貼。

3. 發生職業災害後，參加職業訓練期間，未請領訓練補助津貼或前二款之生活津貼，得請領生活津貼。

4. 因職業災害致身體遺存障害，必需使用輔助器具，且未依其他法令規定領取器具補助，得請器具補助。

5. 因職業災害致喪失全部或部分生活自理能力，確需他人照顧，且未依其他法令規定領取有關補助，得請領看護補助。

6. 因職業災害死亡，得給予其家屬必要之家屬補助。

7. 其他經中央主管機關核定有關職業災害勞工之補助。

　　值得注意的是，生活津貼與失能生活津貼僅得擇其中一項請領，且生活津貼、失能生活津貼及看護補助，加入勞工保險之勞工請領期限以 5 年為限；未加入勞工保險之勞工以 3 年為限。當勞工保險效力終止後，勞工保險被保險人，經醫師診斷罹患職業疾病，且該職業疾病係於保險有效期間所致，且未請領勞工保險給付及不能繼續從事工作者，亦得請領生活津貼。

🦉 編者的話

　　勞工因職業災害所致之損害，雇主應負賠償責任。但雇主能證明無過失者，不在此限。

8.3.1　生活津貼

一、申領條件

1. 勞保被保險人於職災勞工保護法施行後，罹患職業疾病。

2. 請領勞工保險職業災害傷病給付期滿或失能給付。

3. 經醫師診斷喪失部分或全部工作能力。

4. 失能程度相當於勞工保險失能給付標準第 1 至第 15 等級規定之項目。

二、補助標準

1. 失能程度相當於勞工保險失能給付標準第 1 等級至第 3 等級且喪失全部工作能力者，每月發給新臺幣 8,700 元。

2. 失能程度相當於勞工保險失能給付標準第 2 等級至第 7 等級，或合併升等後相當於第 1 等級，且喪失部分工作能力者，每月發給新臺幣 6,200 元。

3. 失能程度相當於勞工保險失能給付標準第 8 等級至第 10 等級且喪失部分工作能力者，每月發給新臺幣 3,200 元。

4. 職業疾病尚未遺存永久失能或失能程度相當於勞工保險失能給付標準第 11 等級至第 15 等級且喪失部分工作能力者，每月發給新臺幣 1,900 元。

三、應備書件

1. 職業疾病生活津貼申請書。

2. 勞工保險失能診斷書。

3. 申請人之金融機構存摺封面影本。

4. 經醫學影像檢查者，附檢查報告及影像圖片。

8.3.2 失能生活津貼

一、申領條件

1. 勞保被保險人於職災勞工保護法施行後，發生職業傷害或罹患職業疾病。

2. 請領勞工保險職業災害傷病給付期滿或失能給付。

3. 經醫師診斷喪失部分或全部工作能力。

4. 失能程度適合勞工保險失能給付標準第 1 至第 7 等級規定之項目。

二、補助標準

1. 失能程度符合勞工保險失能給付標準第 1 等級至第 3 等級且喪失全部工作能力者，每月發給新臺幣 8,700 元。

2. 失能程度符合勞工保險失能給付標準第 2 等級至第 7 等級，或合併升等後相當於第 1 等級，且喪失部分工作能力者，每月發給新臺幣 6,200 元。

三、應備書件

1. 失能生活津貼申請書。

2. 勞工保險失能診斷書。

3. 申請人之金融機構存摺封面影本。

4. 經醫學影像檢查者，附檢查報告及影像圖片。

8.3.3 職業訓練生活津貼

一、申領條件

1. 勞保被保險人於職災勞工保護法施行後，遭遇職業傷害或罹患職業疾病。

2. 經醫師診斷喪失部分工作能力。

3. 失能程度符合勞工保險失能給付標準第 2 至第 15 等級規定之項目。

4. 參加政府機關主辦、委託或政府立案之訓練機構之各類職業訓練，每月總訓練時數 100 小時以上。

5. 訓練期間未領取其他訓練補助津貼、職業疾病生活津貼或失能生活津貼。

二、補助標準

訓練期間，每月發給新臺幣 14,800 元。

三、應備書件

申請人應填妥職業災害勞工職業訓練生活津貼申請書，送請職業訓練機構蓋章證明後，再檢附下列書件向勞動部職業安全衛生署提出申請。

1. 經職業訓練機構證明之職業訓練生活津貼申請書。

2. 申請人之金融機構存摺封面影本。

3. 職業疾病診斷書或職業災害相關證明文件。

4. 勞工保險失能診斷書。

5. 未請領其他訓練補助津貼或職業疾病生活津貼、失能生活津貼之聲明書。

8.3.4 器具補助

一、申領條件

1. 勞工於職災勞工保護法施行後，遭遇職業傷害或罹患職業疾病。

2. 因遺存障害，經醫師診斷或其他專業人員評估必須使用輔助器具。

3. 未依其他法令規定領取相同輔助器具類別之補助。

二、補助標準

1. 輔助器具類別、補助金額、最低使用年限及各補助對象資格依照「職業災害勞工輔助器具補助標準表」規定辦理。

2. 除人工電子耳、點字觸摸顯示器及桌上型擴視機外，每年以補助 4 項輔具為限，補助總金額以新臺幣 6 萬元為限。

3. 經本署核定補助裝配輔助器具者，於最低使用年限內，不得就同一項目再提出申請。

三、應備書件

1. 器具補助申請書。

2. 身心障礙鑑定醫療機構之醫師出具需裝配生活輔具或復健輔具之文件，或其他專業人員評估必須使用就業輔具之證明。

3. 前款文件開具日或所載需用輔助器具之日起 6 個月內，購買器具之統一發票或收據正本（統一發票或收據開立日早於證明文件開立日

時，證明文件內應註明輔具需開始使用日期，且該需用日與統一發票或收據開立日間，不得超過 6 個月）。

4. 申請人之金融機構存摺封面影本。

5. 職業災害相關證明文件

6. 因上、下班或公出途中發生事故者，請另填具「上下班、公出途中發生事故而致傷害證明書」。

8.3.5 看護補助

一、申領條件

1. 勞保被保險人於職災勞工保護法施行後，遭遇職業傷害或罹患職業疾病。

2. 經醫師診斷終身不能從事工作。

3. 經常需醫療護理及專人週密監護，或為維持生命必要之日常生活活動需人扶助。

4. 失能程度符合勞工保險失能給付標準所定精神失能種類、神經失能種類、胸腹部臟器失能種類及皮膚失能種類第 1 等級及第 2 等級失能標準之規定。

5. 未依其他法令規定領取有關補助者。

二、補助標準

1. 每月發給新臺幣 12,400 元。

2. 同一傷病，請領本項補助，其所有請領期間應合併計算，最長發給 5 年。

3. 本項補助應於屆滿 1 年之日前檢具 3 個月內勞工保險失能診斷書連同申請書送本署辦理續領。

4. 本項補助，自勞動部職業安全衛生署受理申請當月起按月發給，請領期間未滿 1 個月者以 1 個月計。

三、應備書件

1. 看護補助申請書。

2. 勞工保險失能診斷書。

3. 申請人之金融機構存摺封面影本。

4. 未依其法令規定請領看護補助之聲明書。

8.3.6 家屬補助

一、申領條件

1. 勞保被保險人於職災勞工保護法施行後，因職業災害而致死亡。

2. 遺有配偶、子女或父母者。第一順位：配偶及子女、第二順位：父母。

二、補助標準

家屬補助發給新臺幣 10 萬元。

🦉 **編者的話**

　　職業災害勞工死亡之家屬補助金額 10 萬元，與依勞動基準法規定按投保薪資發給 5 個月之喪葬補助與 40 個月之遺屬補助不同，係職災死亡勞工遺有受其扶養之配偶、子女或父母，因職災勞工死亡致家庭生活困難，需向勞工保險局提出申請，並經核定後發給。

三、應備書件

1. 家屬補助申請書。

2. 申請人之金融機構存摺封面影本。

3. 死亡診斷書或檢察官相驗屍體證明書。

4. 載有死亡日期之戶口名簿影本，請領人與死亡者非屬同一戶籍者，應同時提出各該戶口名簿影本。

5. 如有同一順位申請人，須填具共同具領同意書。

　　值得注意的是，按月發給之津貼或補助，於受補助人死亡之次月起停止發給，申請人或其家屬應於受補助人死亡之日起 30 日內通知勞工保險局。倘若有溢領津貼或補助之情形者，勞工保險局於核發職業災害勞工死亡之家屬補助時應予扣除。

🦉 **編者的話**

　　職業災害勞工請領各項津貼及補助，應向勞動部職業安全衛生署提出申請，且津貼及補助金額由職安署直接撥入申請人所備書件之金融機構帳戶中。

職災預防與勞工重建

　　為加強職業災害預防之研究及協助職業災害勞工就業，主管機關除得補助學術研究機構辦理有關職業災害防治研究外，並應在職業災害勞工經醫療終止後，依其意願及工作能力協助其就業。對於缺乏技能者，應輔導其參加職業訓練，並安排適當時數之職業安全衛生教育訓練課程，以協助職災勞工迅速重返就業場所。為加強職業災害預防及職業災害勞工之重建，事業單位、職業訓練機構及相關團體辦理下列事項，得向勞工保險局申請補助：

1. 職業災害之研究。

2. 職業疾病之防治。

3. 職業疾病醫師及職業衛生護理人員之培訓。

4. 安全衛生設施之改善與管理制度之建立及機械本質安全化制度之推動。

5. 職業安全衛生教育訓練及宣導。

6. 職業災害勞工之職業重建。

7. 職業災害勞工之職業輔導評量。

8. 其他與職業災害預防及職業重建有關事項。

8.4.1　職災預防

　　為辦理有關職業災害預防事項之補助，中央主管機關應於每年 10 月底前依職業災害預防之需要，公告下年度職業災害預防重點及優先

補助事項。但中央主管機關為預防職業災害特殊需要者，得隨時公告之。

一、申請條件

1. 申請辦理職業災害之研究及職業疾病之防治之單位，應為大專校院或從事職業災害研究之機構，其計畫主持人具有安全衛生相關教學研究之經驗且曾任教授、副教授或助理教授合計 3 年以上，或相當等級之專業人員 3 年以上，並有主持職業災害研究或職業疾病防治規劃能力者。

2. 申請辦理職業疾病醫師培訓之單位，應為全國性醫學專科醫學會或大學校院設有醫學系、所，並附設醫院開辦職業疾病門診，其計畫主持人具有職業醫學相關教學研究之經驗且曾任教授、副教授或助理教授合計 3 年以上，或相當等級之專業人員 3 年以上，並有主持醫師培訓能力者。

3. 申請辦理職業衛生護理人員培訓之單位，應為全國性護理人員相關學（協）會或大專校院設有護理科、系、所。其計畫主持人具有護理相關教學研究之經驗且曾任教授、副教授或助理教授合計 3 年以上，或相當等級之專業人員 3 年以上，並有主持職業衛生護理人員培訓能力者。

4. 申請推動安全衛生設施之改善與管理制度之建立及機械本質安全化制度之單位，應為從事相關技術性及專業性業務之機構，其計畫主持人具有安全衛生相關類科高等考試及格且具有安全衛生實務經驗 3 年以上，或大專校院以上畢業且具有安全衛生實務工作經驗 5 年以上者。

5. 申請辦理勞工安全衛生教育訓練之單位，應為事業單位、職業訓練機構及相關團體，其訓練設施及儀器設備完善，且師資人力健全，計畫主持人應具有安全衛生相關教學經驗 3 年以上或從事安全衛生教育訓練實務經驗 5 年以上。

6. 申請辦理勞工安全衛生宣導之單位，應為事業單位及相關團體，其計畫主持人應具有安全衛生宣導實務工作經驗 3 年以上。

二、申請程序

申請辦理有關職業災害預防事項之補助單位，所提出之申請，每年各以一個計畫，且每一計畫主持人一次以申請一個計畫為限。具有延續性之申請案，應於首年提出總計畫目標、分年工作計畫目標、各年度執行期間、工作項目及經費概算，並分年申請。申請補助之單位應依下列項目訂定實施計畫書，並填具申請書，於每年 2 月或 7 月底前向勞動部職業安全衛生署提出申請：

1. 申請辦理單位名稱。

2. 計畫名稱。

3. 計畫目標、人力需求。

4. 計畫主持人資歷。

5. 經費概算表。

6. 辦理方法。

7. 辦理期間。

8. 預期成效。

9. 其他經職安署指定者。

📖 **編者的話**

　　職安署對申請職業災害預防事項補助案件之審核，應組成職業災害預防及重建補助審查委員會，予以審議，並於每年 2 月底前，將前一年度補助情形報中央主管機關備查。職安署於審核申請單位之補助金額時，應考量年度職業災害預防重點事項、經費、實施計畫預期效益，決定補助額度。

8.4.2　職災勞工重建

　　職業災害勞工重建之對象，為勞工發生職業災害後，由醫師診斷為職業傷病，致工作能力降低或喪失者。職業災害勞工職業重建包括：

1. 心理輔導及社會適應。

2. 工作能力評估及強化。

3. 職務再設計。

4. 職業輔導評量。

5. 職業訓練。

6. 就業服務、追蹤及輔導再就業。

7. 其他職業災害勞工職業重建相關研究事項。

一、申請條件

1. 申請辦理心理輔導及社會適應之單位，應為依法設立之事業單位、機構、學校及相關團體，並配置臨床心理師、諮商心理師、職能治療師、護理師、社會工作師或具相關工作經驗 1 年以上之大學校院社會工作、心理輔導、特殊教育相關系所畢業者 1 人以上。

2. 申請辦理工作能力評估及強化之單位，應為依法設立之事業單位、機構、學校及相關團體，並配置職能治療師或物理治療師 1 人以上，且個案管理每月服務量，每 40 人應置個案管理員 1 人，不足 40 人以 40 人計。值得注意的是，申請辦理工作能力評估及強化之單位，應依職業災害勞工工作能力之恢復狀況，擬訂復工計畫，協助其復工。

🦉 編者的話

工作能力評估及強化係指為協助職業災害勞工復工，提供工作分析及功能性體能測驗，並進行增進其生心理功能之治療、復健及訓練。

3. 申請辦理職務再設計之單位，應為依法設立之事業單位、機構、學校及相關團體，並配置職務再設計或身心障礙者輔助器具服務工作經驗 1 年以上之大學校院社會工作、特殊教育、職能治療、物理治療、醫學工程、人因工程、工業工程、工業設計、機械工程、資訊工程及電子工程等相關系所畢業者 2 人以上。

🦉 編者的話

職務再設計係指協調改善工作環境或工作機具設備、調整職務內容、工作方法及條件或應用就業輔助器具等措施，協助職業災害勞工重返職場，提高工作效能。

4. 申請辦理職業輔導評量之單位，應為依法設立之事業單位、機構、學校及相關團體，並設有專用之職業輔導評量室。職業輔導評量每月服務量，每 7 人應置職業輔導評量員 1 人，不足 7 人以 7 人計。

🦉 編者的話

　　職業輔導評量係指為瞭解職業災害勞工之職業潛能、興趣、技能、工作人格及生理狀況等所實施之評量，以提供具體就業建議，協助職業災害勞工適性就業。

---

5. 申請辦理職業訓練之單位，應為依法設立之職業訓練機構或身心障礙者職業訓練機構，或經認可辦理身心障礙者職業訓練之社會福利機構或醫療機構，或經政府機關委託辦理職業訓練之機構、學校或團體。

6. 申請辦理就業服務、追蹤及輔導再就業之單位，應為依法設立之就業服務機構或身心障礙者就業服務機構，或經中央主管機關委託辦理就業服務之相關機關（構）、團體，且申請單位應配置就業服務員，其人數應符合下列規定：

(1) 就業媒合服務每月服務量，每 30 人置就業服務員 1 人，不足 30 人以 30 人計；透過網際網路求職人數不計入。

(2) 支持性就業服務每月服務量，每 6 人置就業服務員 1 人，不足 6 人以 6 人計。

二、申請程序

　　申請職業災害勞工職業重建補助之單位，應依下列項目訂定實施計畫書，並填具申請書，於每年 2 月或 7 月底前向勞工部職業安全衛生署提出申請，申請補助之單位提出具有延續性之申請案，應於首年提出總計畫目標、分年工作計畫目標、各年度執行期間、工作項目及經費概算，並分年申請之：

1. 申請辦理單位名稱。

2. 計畫名稱。

3. 計畫目標、人力需求。

4. 計畫主持人資歷。

5. 經費概算表。

6. 辦理方法。

7. 辦理期間。

8. 預期成效。

9. 其他經職安署規定事項。

📖 編者的話

　　職安署對申請職業災害勞工職業重建補助案件之審核，應組成職業災害預防及重建補助審查委員會，予以審議，並於每年 2 月底前，將前一年度補助情形報中央主管機關備查。職安署於審核申請單位之補助金額時，應考量年度職業災害預防重點事項、經費、實施計畫預期效益，決定補助額度。

習題

一、選擇題

( ) 1. 工作場所發生勞工死亡職業災害時,雇主應於 (1)8小時 (2)12小時 (3)24小時 (4)3天 內報告檢查機構。

( ) 2. 中央主管機關指定之事業,雇主應 (1)每月 (2)每季 (3)每半年 (4)每年 依規定填載職業災害統計,報請檢查機構備查。

( ) 3. 加入勞保之勞工請領生活津貼、失能生活津貼及看護補助,最高請領期限為 (1)1年 (2)2年 (3)3年 (4)5年。

( ) 4. 未加入勞保之勞工請領生活津貼、失能生活津貼及看護補助,最高請領期限為 (1)1年 (2)2年 (3)3年 (4)5年。

( ) 5. 職業訓練生活津貼自申請人初次參加訓練之日起5年內,合計以發給 (1)6個月 (2)12個月 (3)18個月 (4)24個月 為限。

( ) 6. 職業訓練生活津貼於受訓期間每月發給 (1)10,000元 (2)12,000千元 (3)14,800元 (4)16,280元。

( ) 7. 職業災害勞工死亡家屬補助標準為發給 (1)5萬元 (2)10萬元 (3)20萬元 (4)30萬元。

( ) 8. 職災勞工請領之各項津貼及補助金額之發放方式為由勞保局 (1)打電話通知申請人 (2)發函通知申領人 (3)以申領人之金融卡轉帳 (4)直接撥入申請人所備書件之金融機構帳戶中。

二、問答題

1. 何謂職業災害試說明之。

2. 工作場所發生哪些職業災害時，雇主應於 8 小時內報告勞動檢查機構？

3. 勞工在遭遇職業災害得申請之津貼與補助有哪些，試說明之。

4. 勞工申領職業訓練生活津貼之條件為何，試說明之。

5. 職安署發放職業災害勞工請領之各項津貼與補助之方式為何，試說明之。

6. 申請辦理職業災害之研究及職業疾病之防治之單位應符合哪些條件，試說明之。

7. 為職業災害之預防，申請辦理職業安全衛生教育訓練之單位應符合哪些條件，試說明之。

8. 職業災害勞工職業重建包括哪些事項，試說明之。

第一章　習題解答

一、選擇題

1.(3)　2.(4)　3.(1)　4.(2)　5.(3)

6.(3)　7.(2)　8.(3)　9.(3)　10.(2)

11.(3)　12.(4)

二、問答題

第 1 題

1. 政策。

2. 組織。

3. 規劃與實施。

4. 評估。

5. 改善措施。

第 2 題

1. 尊重生命：經營計畫之訂定與進行，都需注入尊重生命的理念，無論何時企業主在各種利益下，仍應堅持人命最優先之原則。

2. 確信事故是可以防止：職業災害有別於天災，是絕對可以預防的。

3. 堅定安全政策與決心：認知經營順利、人員安全才是企業永續經營之基石，若安全政策可以打折扣，企業經營無異於與運氣賭博。

第 3 題

1. 「職業傷害嚴重率」係指每百萬工時之失能傷害總損失日數。

2. 「職業傷害頻率」係指每百萬工時之失能傷害次數。

第 4 題

1. 從事石油裂解之石化工業之工作場所。

2. 農藥製造工作場所。

3. 爆竹煙火工廠及火藥製造工作場所。

4. 設置高壓氣體類壓力容器或蒸汽鍋爐，其壓力或容量達中央主管機關規定者之工作場所。

5. 製造、處置、使用危險物、有害物之數量達中央主管機關規定數量之工作場所。

6. 中央主管機關會商目的事業主管機關指定之營造工程之工作場所。

7. 其他中央主管機關指定之工作場所。

第 5 題

1. 發生死亡災害者。

2. 發生災害之罹災人數在 3 人以上者。

3. 氨、氯、氟化氫、光氣、硫化氫、二氧化硫等化學物質之洩漏，發生 1 人以上罹災勞工需住院治療者。

4. 其他經中央主管機關指定公告之災害。

第 6 題

有立即發生危險之虞之類型與情事包括：

1. 墜落。

2. 感電。

3. 倒塌、崩塌。

4. 火災、爆炸。

5. 中毒、缺氧。

第 7 題

1. 配偶及子女。

2. 父母

3. 祖父母。

4. 孫子女。

5. 兄弟姊妹。

第 8 題

1. 向勞工團體辦理續保手續。

2. 向勞工保險局委託之有關團體辦理加保手續。

3. 逕向勞保局申報加保。

4. 原投保單位得為其職業災害被保險人辦理續保手續。

第二章　習題解答

一、選擇題

1.(1)　2.(1)　3.(2)　4.(3)　5.(2)

6.(3)　7.(4)　8.(4)　9.(3)　10.(1)

11.(2)　12.(3)　13.(4)　14.(4)

15.(1)　16.(1)　17.(4)

二、問答題

第 1 題

1. 職業安全衛生管理單位。

2. 職業安全衛生委員會。

第 2 題

1. 具顯著風險之第一類事業勞工人數在 100 人以上之事業單位。

2. 中度風險之第二類事業勞工人數在 300 人以上之事業單位。

第 3 題

1. 職業安全衛生人員。

2. 事業內各部門之主管、監督、指揮人員。

3. 與職業安全衛生有關之工程技術人員。

4. 從事勞工健康服務之醫護人員。

5. 勞工代表。

第 4 題

1. 設置協議組織,並指定工作場所負責人,擔任指揮、監督及協調之工作。

2. 工作之連繫與調整。

3. 工作場所之巡視。

4. 相關承攬事業間之安全衛生教育之指導及協助。

5. 其他為防止職業災害之必要事項。

第 5 題

1. 職業安全衛生業務主管。

2. 職業安全管理師。

3. 職業衛生管理師。

4. 職業安全衛生管理員。

第 6 題

1. 高等考試工業安全類科錄取或具有工業安全技師資格。

2. 領有勞工安全管理甲級技術士證照。

3. 曾任勞動檢查員，具有勞工安全檢查工作經驗滿 3 年以上。

第 7 題

1. 高等考試工業衛生類科錄取或具有工礦衛生技師資格。

2. 領有勞工衛生管理甲級技術士證照。

3. 曾任勞動檢查員，具有勞工衛生檢查工作經驗滿 3 年以上。

第 8 題

1. 具有勞工安全管理師或勞工衛生管理師資格。

2. 領有勞工安全衛生管理乙級技術士證照。

3. 曾任勞動檢查員，具有勞動檢查工作經驗滿 2 年以上。

4. 普通考試工業安全類科錄取。

第 9 題

1. 第一類事業：具顯著風險者。

2. 第二類事業：具中度風險者。

3. 第三類事業：具低度風險者。

第 10 題

1. 檢查年月日。

2. 檢查方法。

3. 檢查部分。

4. 檢查結果。

5. 實施檢查者之姓名。

6. 依檢查結果應採取改善措施之內容。

第三章　習題解答

一、選擇題

1.(3)　2.(2)　3.(1)　4.(1)　5.(4)

6.(4)　7.(1)　8.(2)　9.(3)　10.(3)

11.(4)　12.(2)

二、問答題

第 1 題

1. 如在原動機與鍋爐房中，或在機械四周通往工作台之工作用階梯，其寬度不得小於 56 公分。

2. 斜度不得大於 60 度。

3. 梯級面深度不得小於 15 公分。

4. 應有適當之扶手。

第 2 題

1. 鋼索一撚間有 10%以上素線截斷者。

2. 直徑減少達公稱直徑 7%以上者。

3. 有顯著變形或腐蝕者。

4. 已扭結者。

第 3 題

1. 延伸長度超過 5%以上者。

2. 斷面直徑減少 10%以上者。

3. 有龜裂者。

第 4 題

1. 對於易引起火災及爆炸危險之場所,不得設置有火花、電弧或用高溫成為發火源之虞之機械、器具或設備等。

2. 標示嚴禁煙火及禁止無關人員進入,並規定勞工不得使用明火。

3. 對於勞工吸菸、使用火爐或其他用火之場所,應設置預防火災所需之設備。

第 5 題

1. 經由設計或工法之選擇,儘量使勞工於地面完成作業,減少高處作業項目。

2. 經由施工程序之變更,優先施作永久構造物之上下設備或防墜設施。

3. 設置護欄、護蓋。

4. 張掛安全網。

5. 使勞工佩掛安全帶。

6. 設置警示線系統。

7. 限制作業人員進入管制區。

8. 對於因開放邊線、組模作業、收尾作業等及採取第 1 至第 5 項規定之設施致增加其作業危險者,應訂定保護計畫並實施。

第 6 題

1. 具有堅固之構造。

2. 其材質不得有顯著之損傷、腐蝕等現象。

3. 寬度應在 30 公分以上。

4. 應採取防止滑溜或其他防止轉動之必要措施。

第 7 題

1. 具有堅固之構造。

2. 其材質不得有顯著之損傷、腐蝕等。

3. 梯腳與地面之角度應在75度以內,且兩梯腳間有繫材扣牢。

4. 有安全之梯面。

第 8 題

1. 職業災害的防止與預防。

2. 減少勞工與危害的接觸。

3. 防止職業病害及傳染病的擴散。

4. 防止工作上因危害因素的干擾而影響工作。

5. 促進勞工的健康與安全。

第 9 題

1. 使用方法簡單且不會有束縛感,除具備防止災害之性能外,應不致影響勞工之生產能力。

2. 具備可充分防止勞工在作業過程中預期危害的性能。

3. 使用良好之材料品質,除不應讓使用勞工有接觸性皮膚傷害外,防護具的重量應愈輕愈好,且不可因作業環境而產生變質。

4. 容易著用且具充分的強度與耐久性,並具有良好的構造且易於整修。

5. 具備優美的外觀設計,以提高勞工的使用頻率,充分發揮防護具的功能。

第 10 題

　　防護具的種類包括:頭部防護具、耳部防護具、眼臉防護具、呼吸防護具、手部防護具、足部防護具、防護衣、安全帶等 8 大項。

第四章　習題解答

一、選擇題

1.(1)　2.(2)　3.(4)　4.(3)　5.(2)

6.(1)　7.(2)　8.(3)　9.(2)　10.(3)

11.(1)　12.(1)

二、問答題

第 1 題

　　人工濕潤工作場所濕球溫度超過攝氏 27 度，或濕球與乾球溫度相差攝氏 1.4 度以下時，應立即停止人工濕潤。

第 2 題

　　女用廁所之便坑數目，應以同時作業女工每 15 人以內設置一個以上為原則，最少不得低於 20 人一個。

第 3 題

1. 禁止標示。

2. 警告標示。

3. 注意標示。

4. 一般說明或提示。

第 4 題

1. 設置有中央管理方式空氣調節設備之建築物室內作業場所。

2. 坑內作業場所。

3. 顯著發生噪音之作業場所。

4. 經中央主管機關指定之下列作業場所：
   (1) 高溫作業場所。
   (2) 粉塵作業場所。
   (3) 鉛作業場所。
   (4) 四烷基鉛作業場所。
   (5) 有機溶劑作業場所。
   (6) 特定化學物質之作業場所。

第 5 題

　　當勞工作業場所之空氣中氧氣濃度未滿 18%即為缺氧狀態。

第 6 題

1. 有罹患缺氧症之虞之事項。

2. 進入該場所時應採取之措施。

3. 事故發生時之緊急措施及緊急聯絡方式。

4. 空氣呼吸器等呼吸防護具、安全帶等、測定儀器、換氣設備、聯絡設備等之保管場所。

5. 缺氧作業主管姓名。

第 7 題

局限空間係指非供勞工在其內部從事經常性作業，勞工進出方法受限制，且無法以自然通風來維持充分、清淨空氣之空間。

第 8 題

1. 作業有可能引起缺氧等危害時，應經許可始得進入之重要性。

2. 進入該場所時應採取之措施。

3. 事故發生時之緊急措施及緊急聯絡方式。

4. 現場監視人員姓名。

5. 其他作業安全應注意事項。

第五章　習題解答

一、選擇題

1.(2)　2.(1)　3.(4)　4.(3)　5.(2)

6.(1)　7.(2)　8.(4)　9.(1)　10.(2)

11.(4)　12.(2)　13.(3)　14.(1)

15.(2)　16.(2)

二、問答題

第 1 題

具有特殊危害之作業包括：重體力勞動作業、高溫作業、高架作業、精密作業、異常氣壓作業。

第 2 題

高溫作業係指勞工工作日，時量平均綜合溫度熱指數在輕工作達 30.6°C 以上；中度工作達 28.0°C 以上；重工作達 25.9°C 以上之作業。

第 3 題

1. 戶外有日曬情形者：綜合溫度熱指數＝0.7×（自然濕球溫度）＋0.2×（黑球溫度）＋0.1×（乾球溫度）

2. 戶內或戶外無日曬情形者：綜合溫度熱指數＝0.7×（自然濕球溫度）＋0.3×（黑球溫度）

第 4 題

1. 未設置平台、護欄等設備而已採取必要安全措施，其高度在 2 公尺以上者。

2. 已依規定設置平台、護欄等設備，並採取防止墜落之必要安全措施，其高度在 5 公尺以上者。

第 5 題

1. 於高差 2 公尺以上之工作場所邊緣及開口部分，未設置符合規定之護欄、護蓋、安全網或配掛安全帶之防墜設施。

2. 於高差 2 公尺以上之處所進行作業時，未使用高空工作車，或未以架設施工架等方法設置工作台；設置工作台有困難時，未採取張掛安全網或配掛安全帶之設施。

3. 於石綿板、鐵皮板、瓦、木板、茅草、塑膠等易踏穿材料構築之屋頂從事作業時，未於屋架上設置防止踏穿及寬度 30 公分以上之踏板、裝設安全網或配掛安全帶。

4. 於高差超過 1.5 公尺以上之場所作業，未設置符合規定之安全上下設備。

5. 高差超過 2 層樓或 7.5 公尺以上之鋼構建築，未張設安全網，且其下方未具有足夠淨空及工作面與安全網間具有障礙物。

第 6 題

1. 酒醉或有酒醉之虞者。

2. 身體虛弱，經醫師診斷認為身體狀況不良者。

3. 情緒不穩定，有安全顧慮者。

4. 勞工自覺不適從事工作者。

5. 其他經主管人員認定者。

第 7 題

1. 高壓室內作業：為沉箱施工法或壓氣潛盾施工法及其他壓氣施工法中，於表壓力超過大氣壓之作業室或豎管內部實施之作業。

2. 潛水作業：為使用潛水器具之水肺或水面供氣設備等，於水深超過 10 公尺之水中實施之作業。

第 8 題

1. 持有依法設立之訓練項目載有職業潛水職類之職業訓練機構，依中央主管機關公告之課程、時數、設備及師資所辦理之職業訓練結訓證書。

2. 領有中央主管機關認可之各級潛水人員技術士證。

3. 於國外接受訓練，並領有相當職業潛水之執照，經報請中央主管機關認可。

第六章　習題解答

一、選擇題

1.(4)　2.(1)　3.(1)　4.(3)　5.(4)

6.(2)　7.(2)　8.(3)　9.(3)　10.(3)

11.(1)　12.(2)

二、問答題

第 1 題

1. 高溫作業。

2. 噪音暴露工作日 8 小時日時量平均音壓級在 85 分貝以上之噪音作業。

3. 游離輻射作業。

4. 異常氣壓作業。

5. 鉛作業。

6. 四烷基鉛作業。

7. 粉塵作業。

8. 有機溶劑作業。

9. 製造、處置或使用特定化學物質或其重量比（苯為體積比）超過 1%之混合物之作業。

10. 黃磷之製造、處置或使用作業。

11. 聯吡啶或巴拉刈之製造作業。

12. 其他經中央主管機關指定之作業：鎳及其化合物之製造、處置或使用作業（混合物以鎳所占重量超過 1%者為限）。

第 2 題

1. 事業單位內醫療衛生單位應辦理之事項。

2. 事業單位內醫療衛生單位應設置之醫療衛生設備。

3. 工作場所應備置之急救藥品及器材。

4. 事業單位應實施之一般體格檢查、一般健康檢查、特殊體格檢查、特殊健康檢查、健康追蹤檢查等。

5. 勞工健康計畫實施後之管理措施與分級管理。

第 3 題

1. 依健康檢查結果分配適當工作，避免危害勞工健康。

2. 偵測作業場所之危害因子，據以改善作業環境。

3. 養成勞工良好之安全衛生習慣，增進勞工健康。

4. 減少勞工因傷病而缺工，致事業單位生產力降低。

5. 建立勞工健康資料，藉以改善管理措施。

第 4 題

1. 勞工健康檢查結果應告知受檢勞工，並依醫師之建議，適當分配勞工工作。

2. 分析比較健康異常勞工之疾病種類與比率，並請醫療機構或學者專家協助研判是否與職業有關，如係作業環境引起，應改善作業環境，如因勞工作業方式不當，應予以衛生指導。

3. 勞工經一般體格檢查、特殊體格檢查、一般健康檢查、特殊健康檢查或健康追蹤檢查後，應採取下列措施：

   (1) 參照醫師之建議，告知勞工並適當配置勞工於工作場所作業。

   (2) 將檢查結果發給受檢勞工。

   (3) 將受檢勞工之健康檢查紀錄彙整成健康檢查手冊。

第 5 題

　　一般體格檢查係指僱用勞工時，為識別勞工工作適性，考量其是否有不適合作業之疾病所實施之健康檢查。

第 6 題

1. 作業經歷、既往病史、生活習慣及自覺症狀之調查。

2. 身高、體重、腰圍、視力、辨色力、聽力、血壓及身體各系統或部位之理學檢查。

3. 胸部 X 光（大片）攝影檢查。

4. 尿蛋白及尿潛血之檢查。

5. 血色素及白血球數檢查。

6. 血糖、血清丙胺酸轉胺酶(ALT)、肌酸酐(creatinine)、膽固醇及三酸甘油酯、高密度脂蛋白膽固醇、低密度脂蛋白膽固醇（104.1.1 開始施行）之檢查。

7. 其他經中央主管機關指定之檢查。

第 7 題

　　一般健康檢查係指依在職勞工之年齡層，於一定期間所實施之健康檢查。一般健康檢查項目與一般體格檢查項目相同。

第 8 題

1. 年滿 65 歲以上者，每年檢查 1 次。

2. 年滿 40 歲未滿 65 歲者，每 3 年檢查 1 次。

3. 未滿 40 歲者，每 5 年檢查 1 次。

第 9 題

1. 第一級管理：特殊健康檢查或健康追蹤檢查結果，全部項目正常，或部分項目異常，而經醫師綜合判定為無異常者。

2. 第二級管理：特殊健康檢查或健康追蹤檢查結果，部分或全部項目異常，經醫師綜合判定為異常，而與工作無關者。

3. 第三級管理：特殊健康檢查或健康追蹤檢查結果，部分或全部項目異常，經醫師綜合判定

為異常,而無法確定此異常與工作之相關性,應進一步請職業醫學科專科醫師評估者。

4. 第四級管理:特殊健康檢查或健康追蹤檢查結果,部分或全部項目異常,經醫師綜合判定為異常,且與工作有關者。

第 10 題

1. 勞工體格(健康)檢查結果之分析與評估、健康管理及資料保存。

2. 協助雇主選配勞工從事適當之工作。

3. 辦理健康檢查結果異常者之追蹤管理及健康指導。

4. 辦理未滿 18 歲勞工、有母性健康危害之虞之勞工、職業傷病勞工與職業健康相關高風險勞工之評估及個案管理。

5. 職業衛生或職業健康之相關研究報告及傷害、疾病紀錄之保存。

6. 勞工之健康教育、衛生指導、身心健康保護、健康促進等措施之策劃及實施。

7. 工作相關傷病之預防、健康諮詢與急救及緊急處置。

8. 定期向雇主報告及勞工健康服務之建議。

9. 其他經中央主管機關指定公告者。

第 11 題

1. 辨識與評估工作場所環境、作業及組織內部影響勞工身心健康之危害因子,並提出改善措施之建議。

2. 提出作業環境安全衛生設施改善規劃之建議。

3. 調查勞工健康情形與作業之關連性,並採取必要之預防及健康促進措施。

4. 提供復工勞工之職能評估、職務再設計或調整之諮詢及建議。

5. 其他經中央主管機關指定公告者。

第 12 題

　　先進行連續胸部按壓,再以胸部按壓與人工呼吸的交互操作,首先打開傷病患呼吸道,以壓額舉下巴方式打開呼吸道。維持傷患頭部後仰,以姆指及食指輕捏傷患鼻孔,施救者深吸一口氣,將口完全罩住傷患的嘴,每次吹 1 秒。每次吹完氣,看到胸部落下,再吹第二口氣,與胸部按壓比率 30:2。值得注意的是,心肺復甦術要經訓練合格的急救人員才可施作。

第七章　習題解答

一、選擇題

1.(1)　2.(2)　3.(3)　4.(2)　5.(4)
6.(4)　7.(2)　8.(4)　9.(1)　10.(3)
11.(4)　12.(2)

二、問答題

第 1 題

1. 職業安全衛生業務主管。

2. 職業安全衛生管理人員。

3. 職業作業環境監測人員。

4. 施工安全評估人員及製程安全評估人員。

5. 高壓氣體作業主管、營造作業主管、有害作業主管。

6. 危險性機械或設備操作人員。

7. 特殊作業人員。

8. 勞工健康服務護理人員及勞工健康服務及相關人員。

9. 急救人員。

10. 一般作業人員。

11. 其他經中央主管機關指定之人員。

第 2 題

1. 擋土支撐作業主管。

2. 露天開挖作業主管。

3. 模板支撐作業主管。

4. 隧道等挖掘作業主管。

5. 隧道等襯砌作業主管。

6. 施工架組配作業主管。

7. 鋼構組配作業主管。

8. 其他經中央主管機關指定之人員。

第 3 題

1. 職業安全管理師。

2. 職業衛生管理師。

3. 職業安全衛生管理員。

4. 甲級化學性因子作業環境監測人員。

5. 甲級物理性因子作業環境監測人員。

6. 乙級化學性因子作業環境監測人員。

7. 乙級物理性因子作業環境監測人員。

第 4 題

1. 作業安全衛生有關法規概要。

2. 勞工安全衛生概念及安全衛生工作守則。

3. 作業前、中、後之自動檢查。

4. 標準作業程序。

5. 緊急事故應變處理。

6. 消防及急救常識暨演練。

7. 其他與勞工作業有關之安全衛生知識。

第 5 題

1. 勞工主管機關、衛生主管機關、勞動檢查機構或目的事業主管機關。

2. 依法設立之非營利法人。

3. 依法組織之雇主團體。

4. 依法組織之勞工團體。

5. 中央衛生福利主管機關醫院評鑑合格或大專校院設有醫、護科系者。

6. 報經中央主管機關核可之非營利為目的之急救訓練單位。

7. 大專校院設有安全衛生相關科系所或訓練種類相關科系所者。

8. 事業單位。

9. 其他經中央主管機關核可者。

第 6 題

1. 教育訓練計畫報備書。

2. 教育訓練課程表。

3. 講師概況。

4. 學員名冊。

5. 負責之專責輔導員名單。

第 7 題

1. 查核受訓學員之參訓資格。

2. 查核受訓學員簽到紀錄及點名等相關事項。

3. 查核受訓學員之上課情形；受訓學員缺課時數達課程總時數五分之一以上者，訓練單位應通知其退訓；受訓學員請假超過 3 小時者及曠課者，訓練單位應通知其補足全部課程。

4. 調課或代課之處理。

5. 隨時注意訓練場所各項安全衛生設施。

6. 協助學員處理及解決訓練有關問題。

7. 其他經中央主管機關認有必要之事項。

第 8 題

1. 任教大專校院相關課程具 3 年以上教學經驗者。

2. 具有工業安全、工業衛生或相關學科博士學位並有 1 年以上相關工作經歷者。

3. 具有工業安全、工業衛生或相關學科碩士學位並有 3 年以上相關工作經歷者。

4. 具有工業安全、工礦衛生技師資格並有 5 年以上相關工作經歷者。

5. 具有勞動檢查員 5 年以上相關工作經歷者。

6. 大專校院相關科系畢業，具有職業安全管理師、職業衛生管理師或職業安全管理甲級技術士證照、職業衛生管理甲級技術士證照，並有 7 年以上相關工作經歷者。

第八章　習題解答

一、選擇題

1.(1)　2.(1)　3.(4)　4.(3)　5.(4)

6.(3)　7.(2)　8.(4)

二、問答題

第 1 題

　　職業災害係指因勞動場所之建築物、機械、設備、原料、材料、化學品、氣體、蒸氣、粉塵等或作業活動及其他職業上原因引起之工作者疾病、傷害、失能或死亡。

第 2 題

1. 發生死亡災害。

2. 發生災害之罹災人數在 3 人以上。

3. 發生災害之罹災人數在 1 人以上，且需住院治療。

4. 其他經中央主管機關指定公告之災害。

第 3 題

1. 罹患職業疾病，喪失部分或全部工作能力，經請領勞工保險各項職業災害給付後，得請領生活津貼。

2. 因職業災害致身體遺存障害，喪失部分或全部工作能力，適合勞工保險殘廢給付標準表第 1 等級至第 7 等級規定之項目，得請領失能生活津貼。

3. 發生職業災害後，參加職業訓練期間，未請領訓練補助津貼或前二款之生活津貼，得請領職業訓練生活津貼。

4. 因職業災害致身體遺存障害，必需使用輔助器具，且未依其他法令規定領取器具補助，得請器具補助。

5. 因職業災害致喪失全部或部分生活自理能力，確需他人照顧，且未依其他法令規定領取有關補助，得請領看護補助。

6. 因職業災害死亡，得給予其家屬必要之家屬補助。

7. 其他經中央主管機關核定有關職業災害勞工之補助。

第 4 題

1. 勞保被保險人於職災勞工保護法施行後，遭遇職業傷害或罹患職業疾病。

2. 經醫師診斷喪失部分工作能力。

3. 失能程度符合勞工保險失能給付標準第 2 至第 15 等級規定之項目。

4. 參加政府機關主辦、委託或政府立案之訓練機構之各類職業訓練，每月總訓練時數 100 小時以上。

5. 訓練期間未領取其他訓練補助津貼、職業疾病生活津貼或失能生活津貼。

第 5 題

　　職業災害勞工請領各項津貼及補助，由職安署直接撥入申請人所備書件之金融機構帳戶中。

第 6 題

　　申請辦理職業災害之研究及職業疾病之防治之單位，應為大專校院或從事職業災害研究之機構，其計畫主持人具有安全衛生相關教學研究之經驗且曾任教授、副教授或助理教授合計 3 年以上，或相當等級之專業人員 3 年以上，並有主持職業災害研究或職業疾病防治規劃能力者。

第 7 題

　　申請辦理職業訓練之單位，應為依法設立之職業訓練機構或身心障礙者職業訓練機構，或經認可辦理身心障礙者職業訓練之社會福利機構或醫療機構，或經政府機關委託辦理職業訓練之機構、學校或團體。

第 8 題

1. 心理輔導及社會適應。

2. 工作能力評估及強化。

3. 職務再設計。

4. 職業輔導評量。

5. 職業訓練。

6. 就業服務、追蹤及輔導再就業。

7. 其他職業災害勞工職業重建相
關研究事項。

MEMO

MEMO

MEMO

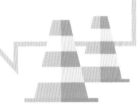

國家圖書館出版品預行編目資料

職業安全衛生 / 陳泓文編著. -- 第三版. -- 新北市：
新文京開發出版股份有限公司, 2021.09
　　面；　公分

　　ISBN　978-986-430-775-3（平裝）

　　1.工業安全　　2.職業衛生

555.56　　　　　　　　　　　　　　110014539

職業安全衛生（第三版）　　　　　　　　（書號：B154e3）

編 著 者	陳泓文
出 版 者	新文京開發出版股份有限公司
地　　址	新北市中和區中山路二段 362 號 9 樓
電　　話	(02) 2244-8188（代表號）
F A X	(02) 2244-8189
郵　　撥	1958730-2
第 三 版	西元 2021 年 09 月 20 日